海闻 ◎ 主　编
何帆　本力 ◎ 副主编

宏观大势与
市场逻辑

MACROECONOMIC TRENDS
AND MARKET LOGIC

图书在版编目(CIP)数据

宏观大势与市场逻辑 / 海闻主编. —北京：北京大学出版社，2021.1
ISBN 978-7-301-31743-3

Ⅰ.①宏… Ⅱ.①海… Ⅲ.①宏观经济 – 中国 – 文集 Ⅳ.①F123.16-53

中国版本图书馆 CIP 数据核字（2020）第 191496 号

书　　　名	宏观大势与市场逻辑 HONGGUAN DASHI YU SHICHANG LUOJI
著作责任者	海　闻　主编
责 任 编 辑	裴　蕾
标 准 书 号	ISBN 978-7-301-31743-3
出 版 发 行	北京大学出版社
地　　　址	北京市海淀区成府路 205 号　100871
网　　　址	http://www.pup.cn　新浪微博：@北京大学出版社
电 子 信 箱	pup_6@163.com
电　　　话	邮购部 010-62752015　发行部 010-62750672　编辑部 010-62750667
印　刷　者	涿州市星河印刷有限公司
经 销 者	新华书店
	787 毫米×1092 毫米　16 开本　13.5 印张　173 千字 2021 年 1 月第 1 版　　2021 年 11 月第 2 次印刷
定　　　价	58.00 元

未经许可，不得以任何方式复制或抄袭本书之部分或全部内容。
版权所有，侵权必究
举报电话：010-62752024　电子信箱：fd@pup.pku.edu.cn
图书如有印装质量问题，请与出版部联系，电话：010-62756370

序

改革开放四十多年,中国以年均 9.5%的 GDP 增长速度创造了令人瞩目的经济奇迹。随着市场经济的深入改革和发展,宏观经济的波动逐渐成为常态,全社会对宏观经济运行情况的关注度也越来越高。

对企业家、投资者、管理者而言,了解宏观经济运行状况和走势,分析宏观经济对行业和企业的影响,预测政府可能采取的宏观经济政策及其影响,有助于及时采取相应措施,制定合适的投资和企业发展战略。对政府部门和政策制定者而言,准确分析宏观经济形势,有助于制定适当政策,保持内外均衡,促进经济的长期稳定增长。对个人而言,即使不成为经济学研究者甚至不从事经济工作,了解宏观经济也是有益的,至少,可以增加自己的判断力,不会轻易被一些观点误导和迷惑。

然而,看懂中国经济并不容易。首先,中国经济正处于转型期,市场经济与计划经济因素相互交织,产生了许多比发达国家更复杂难解的现象,这使得对政府政策的准确理解和研判尤为重要。其次,不同观察者经常从不同角度来看中国经济,往往会得出迥然不同甚至完全相反的结论。严格的宏观经济预测判断需要翔实合理的数据做支撑，也需要科学的分析方法和分析框架以及对中国政治、经济、社会体制的深刻了解。更重要的是，一定要关注宏观大势背后的市场逻辑。可以说，在某种程度上，分析的逻辑和方法比结论更重要。

基于上述原因，北京大学汇丰商学院举办了"宏观经济沙龙"系列讲座，邀请知名经济学家深入解读中国经济的运行情况和政策。讲座不仅让听众深入理解了中国经济的运行情况，了解了宏观大势，而且还让他们学习了经济学的分析框架和研究方法，掌握了市场逻辑。本书就是在这些讲座的基础上，精选、整理和编辑的成果。

在本书第一部分"改革的方向"中，中央党校教授郭强解读了如何深入准确理解全面深化改革。中国人民大学经济学院教授刘守英分析了中国城乡关系的历史演变，并回应了由此带来的公共政策问题。中银证券全球首席经济学家管涛通过理论与实践结合，解答了如何应对 2015 年"8·11"汇改以来遇到的挑战。我们将第一部分取名为"改革的方向"，因为在改革开放四十多年后，把握正确的方向，继续推进改革，对中国经济未来继续保持良好发展势头至关重要。

本书第二部分为"开放的路径"。在这部分中信建投证券首席经济学家张岸元论证了能否形成可持续的资本循环是"一带一路"倡议能否成功的关键。西班牙对外银行亚洲研究部亚洲首席经济学家夏乐认为"人民币国际化"的下一个突破口是人民币债券市场的开放。

本书第三部分为"增长的趋势"。其中，上海交通大学安泰经济与管理学院经济学教授、北京大学汇丰商学院 EMBA 课程教授何帆分析了中国经济是处于"新周期"还是处于"新常态",以及中国经济未来发展趋势和新增长点。安信证券首席经济学家高善文采用设置对照组和目标组的方式,对供给侧结构性改革如何影响中国经济增长进行了分析。中银证券总裁助理、首席经济学家徐高提出了一个解释中国经济的统一框架。平安证券首席经济学家钟正生从经济增长和商业周期波动两个角度对中国宏观经济状况进行了解释。长江证券首席经济学家伍戈从短期和长期两个视角,探讨了居民加杠杆是否会对经济产生影响,以及债务高企是否会引发通胀。

证券市场投资等经济实践活动需要分析和把握宏观经济,而这又倒逼宏观经济分析朝着更加精致、准确、有针对性的方向前进。本书第四部分"投资的逻辑"从投资的角度观察宏观经济。红塔证券研究所副所长、首席经济学家李奇霖介绍了传统债券市场的研究框架以及引入同业以后的研究框架。国信证券经济研究所宏观与固定收益首席分析师董德志的文章讲解了中国债券市场的重大变革,以及债券投资研究实践中的基本知识,归纳了债券投资分析的逻辑。万向区块链首席经济学家、PlatON 云图首席经济学家邹传伟从经济学角度解读了区块链和加密货币,特别指出了区块链的金融功能。

对普通读者来说,本书提供了一些有用的、对中国宏观经济的解读。对经济学家或宏观经济分析师来说,本书提供了一些创新的经济分析框架和思路。

经济现象涉及社会的方方面面,异常复杂且富于变化,对经济的分析和解读永远在路上。新的国际和国内形势给中国经济的发展带来了挑战,也为研究中国经济提供了很多新素材和理论创新的机会,中国经济学者要把握机遇,创造符合中国实践的新理论。在这方面，中国学者有天然的优势，比如对制度细节的了解、对数据的掌握等。

同时，随着大数据、人工智能的兴起，经济学家有机会采用更新更先进的分析工具和方法，将宏观数据和微观数据相结合，改变传统经济学对于经济的解释。比如，北京大学汇丰商学院与平安科技的合作就尝试把"人工智能 + 大数据"与经典经济学理论分析相结合，探索宏观经济研究的新方法。

最后，我想特别指出，虽然中国经济在短期内面临挑战，但从长期看，中国经济仍然处在起飞阶段，仍然有很大的发展空间。未来亟须做的是，坚持以发展市场经济为核心的改革开放，在服务业、城镇化、创新与整合的制造业，以及"一带一路"合作等方面寻找新的发展机遇，挖掘新的增长动力。期待更多的经济学人和企业家为中国经济的成功转型和世界经济的持续繁荣而探索新道路，做出新贡献。

海　闻

2019 年 12 月

目　录

第一部分　改革的方向　　1

1. 深入准确理解全面深化改革　　2
　　——郭　强　中共中央党校教授
2. 农民的代际革命和城乡关系重塑　　10
　　——刘守英　中国人民大学经济学院教授
3. 解码"8·11"汇改　　17
　　——管　涛　中国银券全球首席经济学家

第二部分　开放的路径　　31

4. "一带一路"资本循环——宏大命题的小心求证　　32
　　——张岸元　中信建投证券首席经济学家
5. 人民币国际化的经验与前景　　42
　　——夏　乐　西班牙对外银行亚洲研究部亚洲首席经济学家

第三部分　增长的趋势　　55

6. 中国经济是否即将迎来新周期　　56
——何　帆　上海交通大学安泰经济与管理学院经济学教授、北京大学汇丰商学院 EMBA 课程教授

7. 被掩盖的增长　　71
——高善文　安信证券首席经济学家

8. 从经济失衡到金融乱象　　83
——徐　高　中银证券总裁助理、首席经济学家

9. 中国经济的"远"和"近"　　103
——钟正生　平安证券首席经济学家

10. 居民加杠杆的是与非　　111
——伍戈　长江证券首席经济学家

第四部分　投资的逻辑　　125

11. 理解固定收益投研体系　　126
——李奇霖　红塔证券研究所副所长、首席经济学家

12. 债券市场研究与投资分析探讨　　156
——董德志　国信证券经济研究所宏观与固定收益首席分析师

13. 区块链和加密货币的经济学分析　　183
——邹传伟　万向区块链首席经济学家、PlatON 云图首席经济学家

编后记　　205

第一部分
改革的方向

1. 深入准确理解全面深化改革

郭 强

中共中央党校教授

全面深化改革是以习近平同志为核心的党中央在新的历史起点上做出的重大战略决策，对实现"两个一百年"奋斗目标和中华民族伟大复兴的中国梦有着决定性意义。只有深入准确理解全面深化改革，才能深刻把握全面建成小康社会决胜阶段和继续向第二个百年目标奋进的历史任务与治国方略。

深刻认识全面深化改革的历史方位

深刻理解全面深化改革，首先要理解改革开放的大历史。党的十一届三中全会以来，中国改革开放在探索中不断深化，既有连续性，又有阶段性。以1992年和2013年为节点，可以分为以下三个大的阶段。

全面探索阶段

从1978年党的十一届三中全会做出改革开放伟大决策，到1992年邓小平南方谈话和党的十四大召开，这一阶段是全面探索阶段。

改革的中心线索是探索社会主义经济体制改革的目标，核心问题是如何认识和处理计划与市场的关系。探索经济体制改革的目标是一个艰难曲折的过程。1992年年初邓小平南方谈话明确提出市场经济不等于资本主义、社会主义也有市场的著名论断，同年党的十四大确定中国经济体制改革的目标是建立社会主义市场经济体制。经济体制改革的目标确定了，整个改革的大方向就明确了。在全面探索阶段，中国改革从农村到城市，从沿海到内陆，从经济到政治，次第展开，全面探索，不仅理论上形成了一系列重要成果，而且实践上也取得了巨大成功。改革开放成为不可阻挡的时代潮流。

全面推进阶段

从1992年党的十四大召开到2013年党的十八届三中全会召开前夕，这一阶段是全面推进阶段。在全面推进阶段，共产党领导全国各族人民，不仅朝着建立社会主义市场经济体制这个目标持续推进经济体制改革，而且分别明确了在政治、文化、社会、生态文明等各大领域的改革目标。在这一阶段，中国改革在国有企业、金融财税、社会体制等关键领域都取得了历史性突破。正是这些突破确保我国成功战胜了1997年的亚洲金融危机和2008年的国际金融危机，使中国分别在1999年和2010年成为下中等收入国家和上中等收入国家，经济总量稳步超越传统强国，成为世界第二大经济体。

全面深化阶段

全面深化阶段始于 2013 年党的十八届三中全会。在全面深化阶段，中国改革牢牢把握"五位一体"总体布局和"四个全面"战略布局，以国家治理现代化和发挥市场决定性作用这两大原创性理论为基础，以"六个紧紧围绕"为路线图，进一步解放思想、进一步解放和发展社会生产力、进一步解放和增强社会活力，在"全面"和"深化"两个维度上都有更加科学的认识和更加勇毅的实践。当前，中国全面深化改革蹄疾而步稳并取得突破性进展，主要领域"四梁八柱"性质的改革主体框架基本确立。全面深化改革阶段是一个指向中华人民共和国成立一百年的长阶段；其总目标是，完善和发展中国特色社会主义制度，推进国家治理体系和治理能力现代化。改革开放只有进行时，没有完成时。全面深化改革既要按时完成党的十八届三中全会确立的 2020 年改革任务，还必须着眼于实现 2049 年更加远大的目标。

准确理解全面深化改革的"全面"与"深化"

"全面深化改革"不是一个新词，党的十三大以来历次党的全国代表大会都曾提出全面改革、深化改革。准确理解党的十八届三中全会提出的全面深化改革的新意，是在理论上深入准确理解新时期全面深化改革的关键。

关于"全面"的时代内涵

习近平总书记指出:"全面深化改革,全面者,就是要统筹推进各领域改革,就需要有总的目标,也要回答推进各领域改革最终是为了什么、要取得什么样的整体结果这个问题。"过去讲的全面改革确实全面,但是存在两个问题:一是认识上,对改革的整体性及其内在规律,对各领域各环节改革的关联性及关联机制,重视不够、认识不足;二是实践上,各领域各环节改革相互配套不够、协调不够,存在相互牵制甚至相互抵触现象,改革的总体效应发挥得不够。出现这样的问题,主要是受限于改革进程本身的深度和经济社会发展的水平。过去,改革在单一领域甚至单一环节实现突破就可以取得显著效果,人们容易在认识上以为各领域的改革是相互独立的,因此实践中分别规划各领域的目标和路径,然后分头推进。这样的改革虽然全面,但是分散、不系统。时间一长,相互牵制的问题就会逐渐出现,改革的总体效果就会打折扣。事实上,无论是经济体制还是政治体制、文化体制、社会体制、生态文明体制、党的建设制度等,都不可能孤立存在,都是整个国家体制的不同侧面或不同组成部分,都是党领导下的国家治理体系的一个局部。国家治理现代化理论特别是国家治理体系概念的提出,实现了中国改革在哲学层面、方法论层面上的一次飞跃,将中国改革提高到了系统论的境界。总而言之,过去讲全面改革,其"全面"强调各领域都进行改革,重点在"都";而全面深化改革之"全面",强调各领域改革是一个整体,重点在"整体"。我们现在推动全面深化改革,一方面要加强社会科学研究，更深刻、更精准地把握作为一个整体的国家治理体系的内在结构、内在规律；另一方面要在改革实践中加强各领域改革的联动和集成，实现改革的系统性、整体性、协同性。

关于"深化"的时代内涵

中国改革是一个不断深化的过程，那么全面深化改革之"深化"与过去讲的"深化"有什么不同？首先，"深化"是针对改革遇到的"硬骨头"和"险滩"来讲的，强调的是新阶段改革呈现出新特征，推进改革就必须敢于啃硬骨头、敢于涉险滩。习近平总书记说，中国改革经过三十多年，已进入深水区，好吃的肉都吃掉了，剩下的都是"难啃的硬骨头"。过去的改革，面对的是"好吃的肉"和"难啃的硬骨头"并存的局面，但随着改革进入深水区，当前我们面临的改革任务基本都是"难啃的硬骨头"，必须下大力气把它"啃"下来。其次，"深化"是以全面深化改革总目标为标尺的。过去讲深化，主要是相对于之前的状况而言的。现在讲深化，不仅是针对之前的状况，更是针对总目标，关键要看是否有利于完善和发展中国特色社会主义制度，是否有利于推进国家治理体系和治理能力现代化。例如，经济体制改革要看是否有利于使市场在资源配置中起决定性作用，有利则是深化，反之则不然；社会体制改革要看是否能更好地保障和改善民生、促进社会公平正义，有利则是深化，反之则不然，如此等等。所以，在新的发展起点上，全面深化改革要事事、时时对标总目标，才能保持正确的改革方向，才能正确判断改革的进度，正确评估改革的效果。

全面深化改革关键在贯彻落实

大凡论及改革，习近平总书记都会强调"落实"二字，对于全面深化改革更是多次强调要推动各项改革举措落地见效。但从发展实践看，全面深化改革的落实情况并非总令人满意，还存在"华而不实的表面文章"，存在"最先一公里""中梗阻""最后一公里"等问题。要改变这种状况，既要从干部作风等主观方面找原因、想办法，更要以实事求是的态度，总结改革落实的经验，研究改革落实的规律，完善改革落实的机制，对改革落实方式本身进行改革。

着力提高改革方案质量

习近平总书记多次强调，要提高改革方案的质量，把改革方案的质量放在第一位。在过去的改革实践中，改革方案质量不高是一个普遍问题。有些改革方案左右协调不够，存在各部门自顾自出文件的现象；有些改革方案上下协调不够，出现重要文件无法执行的情况；还有些改革方案缺乏对基层实际情况多样性的包容，使得基层执行起来面临不少困难。出现这些情况，一个很重要的原因就是对顶层设计的理解存在偏误。顶层设计本义是统筹考虑治国理政的各层次和各要素，在最高层次上寻求全局性问题的解决之道，其要点既包括顶层决定性，也包括整体关联性和实际可操作性。一些改革方案更多考虑了顶层决定性，而整体关联性不足，或者缺乏实际可操作性，因此执行起来存在困难。全面深化改革中的顶层设计要高度重视对发展实践的总结和归纳，把对实践经验进行规范化、法治化作为设计改革方案的重要途径。

牢牢牵住改革的"牛鼻子"

习近平总书记提出，要把各领域基础性改革抓在手上，把具有标志性、引领性的重点改革任务抓在手上，把具有牵引作用的改革抓在手上，要牵住改革的"牛鼻子"。这是非常重要的改革方法论。全面深化改革绝不是全面出击，而是主抓重点和整体推进相结合、治标和治本相促进、重点突破和渐进推动相衔接，既要全局在胸、统筹谋划，又要集中用力、精准发力。当前，落实改革举措最重要的就是找准可以牵动全局的"牛鼻子"，而能否找到"牛鼻子"是检验各级领导干部是否真正理解全面深化改革的试金石。做到全面深化改革"立治有体"，关键在于解决各领域改革之间协调性、配套性、集成性不强的问题，这些问题本身就集中在各领域改革的衔接、交叉部位，既是原来分领域、分部门、分地区改革无法解决的问题，又是多方利益纠缠、社会矛盾集中、群众普遍关注的问题。改革的"牛鼻子"恰恰就存在于这些问题中。例如，农民工市民化问题，涉及户籍、土地、就业、教育、医疗、收入分配、社会保障、社会治理等一系列改革难题，如果农民工市民化这个问题不解决，上述一系列领域的改革都无法真正成功；反之，如果农民工市民化这个最坚固的堡垒能够全面突破，则一系列改革难题将所向披靡，大部分社会矛盾将迎刃而解，国家治理体系的系统性、整体性将上一个大台阶。

下功夫完善改革激励机制

习近平总书记强调,要引导大家争当改革促进派,既鼓励创新、表扬先进,也允许试错、宽容失败。但迄今为止,在各个层面还存在不同程度的改革动力不足问题,原因之一就是关于改革的考核评价和激励机制尚不完善。中国经济体制改革成功的一个重要经验就是要找到行之有效的激励机制,但目前许多问题的症结也恰恰在缺乏有效的激励机制。党员干部是推动改革开放的重要主体。对于广大党员干部,在强化理想信念教育、纪律规矩约束的同时,也要重视通过体制机制激励干部推动改革,让敢于改革者改得下去,让敢于担当者担当得起。只有这样,才能在全社会形成想改革、敢改革、善改革的浓厚氛围,坚持不懈地把全面深化改革的宏伟蓝图绘到底。

2. 农民的代际革命和城乡关系重塑

刘守英
中国人民大学经济学院教授

我刚刚从日本回国，与日本相比，我国的城乡关系"从头上就是倒着的"。我们搞城镇化的目的是把乡村的人和要素转移到城市，城市发展了，农村就逐渐被消灭了。而日本的城镇化是将一些东西向农村引导，两个国家的城镇化整体制度结构不一样。所以，我想首先谈一下中国城乡关系的历史演变；然后谈一谈城镇化的主体：农二代，与农一代相比发生了哪些变化；最后提出公共政策方面的几点建议。

中国城乡关系的历史演变

我将城乡关系演变分为以下几个时期。

关闭城门与"绑"民于土：国家工业化时期的城市与农民

1949年至1950年中期，公民的自由迁徙权受法律保障。"一五"

时期进入城市的农民达1 500万人,但当时城市对进来的农民并没有做好迎接的准备。从1953年开始,一方面政策提出限制和禁止农民进城,另一方面城市的单位开始不接纳农民。我们普遍认为自1958年城乡二元的户籍制度开始,农民才被限制进入城市,这是不对的,事实上从1953年城市就已经在不断地限制农民。一方面在"堵"人,另一方面用集体化、人民公社、统购统销等制度将农民"绑"在土地上,让他们在集体的土地上为工业化提供低价的粮食。1953年,中国城镇化率只有13.26%;到1978年时,城镇化率仍然仅为17.9%,只增加了4.64个百分点。

城门未开与乡土筑城:乡村工业化的农民与城市

城市城门未开的情况下,农民实际上是在乡土筑城,这就是乡村工业化阶段的农民自主城镇化。回顾历史,1978—1998年,是城乡关系的黄金时期。城乡收入差距开始缩小,乡村经济活动非常活跃,农村制度改革欣欣向荣,产业高速发展。那时候,乡镇企业异军突起,农民从土地"突围",开辟农业之外的谋生空间。

这期间制定的一系列制度是鼓励农民参与工业化和城镇化的。一是允许农民务工经商;二是对农民自主建小城镇持默许态度;三是在户籍制度上为小城镇开出一个小口子,农民可以自理口粮到集镇落户;四是对集体土地提出了"三个允许":允许农民利用集体土地搞乡镇企业、搞非农产业。这套制度实行后,我们城门外的工业化很顺利,但城镇化并不顺畅,因为自理口粮的小城镇化本身是违背城镇化规律的。农民还是农民，农业还是农业。

"撞城"入城与城市过客：高速城镇化下的农民与城市

在高速城镇化的背景下，农民开始"撞城"入城，但他们仍然是城市的过客。从 1994 年开始，由政府主导的城镇化启动了。在此阶段出台了几项重要的制度安排：1994 年的分税制改革、1998 年的《中华人民共和国土地管理法》和住房制度改革。这些制度开启了以土地谋发展模式，城镇化开始高速推进。那段时期，我国整体工业化布局出现了重大变化：内陆地区工业化开始衰败，而沿海地区城镇化和工业化开始加速，中西部地区的农民开始跨区域流动。农民开始出村、入城，大量的农村人口进入城市和沿海地区，但他们是"撞"到城市里去的，相关制度并没有发生实质性的改变。当时城镇化实际上是沿着两条轨道进行的：一条是政府主导的城镇化；另一条是农民自发的城镇化，城中村的集体土地开始进行非正规的城镇化。

在这个阶段，农民进了城，但缺乏城市权利。部分农民工子女甚至无法入读全日制公办中小学，无法参加中考和高考；农民工参加职工基本医疗、养老、失业保险的比率也较低；农村"三留守"问题尤其突出。另外，户籍人口城镇化和常住人口城镇化的差距越来越大。回顾此阶段我国城乡关系历程，可以用一句话概括：在此阶段，我国高速发展的城镇化、工业化既没有指望农民进城，也没有充分给予农民进入城市的相关权利。

农二代与农一代

我们需要思考，我国城镇化真正的问题出在哪？有些人提出，应该让农民再回到乡村。但是让他们回去，真的是解决问题的好办法吗？我的观点是，现阶段对城乡关系产生重大革命性影响的是代际的改变。

农一代（20世纪40至70年代出生的人）的基本特征是离土、出村、回村、返农，大趋势是从我国中西部地区向东部沿海地区迁移。他们参与了城镇化的进程，最后却又返回农村，继续搞农业了。农二代（20世纪80年代后出生的人）是现在迁移的主体，他们的经济社会特征显示他们已基本完成了城镇化。

有几个重要的指标变化值得关注：首先，农二代跨省迁移的比例在增加；其次，农二代在城市打工的时间，与农一代相比更长，农二代进城打工已经成为常态；最后，农二代举家迁移的数量也在增加，这是一个非常重要的指标变化，农一代将孩子留在家里，而农二代会将孩子带在身边直至孩子读完初中，然后由一位家长回县城陪孩子完成高中教育。农二代的工作不像农一代那么艰苦，工作时长开始缩短，他们追求工作和闲暇的平衡。农二代的受教育程度有所提高，而且受教育程度越高的人越希望离开农村。

近年来，有一种说法称农二代已经开始回流，但实际上农民回流是回到当地县城以上级别的地区，他们并没有回到农村。因此，我认为指望年轻人回到农村继续种地来实现乡村振兴是错误的。农二代在城市的就业也正趋于正规化，在建筑业务工的人数在减少，而在制造业和服务业谋生的比例在上升。与农一代相比，农二代还有一点不同，表现在他们的消费行为上。"80后"农民工的收入中有30%会汇回老家，这意味着他们的收入主要被用于在城市的消费或缴纳社保等支出。

当前的问题是，农二代虽然生活和消费方式城镇化了，但多数人认为自己在城市中的融入度很低，仍不被城市接纳。其中，我发现了一个有趣的现象：农二代与乡村疏离，他们回乡时并不住在村里，会选择住在县城的宾馆，然后开车回村探亲。还有一个很重要的指标是住房，我们在调研中发现，农二代群体约一半以上选择在县城买房。

过去，农一代离土出村，老了之后再回村；现在，农二代在城市就业，子女初中之前的教育在城市完成，高中阶段的教育到老家当地的县城完成，由家庭一方成员陪读。农二代在县城购房一方面是为了保证孩子的教育质量，另一方面其实是选择他们未来的归宿。因此，农二代未来的基本流向不是回到乡村，而是回到老家当地的县城。这将对我国未来城镇化格局产生非常重要的影响。因此我们的公共政策必须以重塑城乡关系为基础，关注整个社会的城镇化问题。

2. 农民的代际革命和城乡关系重塑

关于公共政策的几点建议

最后，我想讨论一下公共政策方面的问题，并提几点建议。

第一，要在基本认识层面做思维的纠偏。不应期望农二代再回到农村，也不应该将农二代视为城市的局外人。我认为，我国社会未来面临的基本问题之一就是怎么解决好农二代的问题。农二代问题不解决好，这些问题导致的后果就会显现在农三代身上。

第二，应制定与赋予农民城市权利相关的公共政策。在城乡中国阶段，农民工的城市权利是关系我国转型和建立现代化国家的重大权利安排，关系着我国现代化的进程和国家的前途命运。必须从国家战略高度改变将农民工视为城市"过客"的政策惯性，推动城市权利向农民开放，以包容、公平的态度促进进城农民融入城市社会。具体来说，需做好以下几方面工作。

首先是充分保障农民的土地权利。其一，任何主体不得以任何理由将已经到农民手中的土地权利削弱甚至剥夺；其二，赋予农民农地和宅基地更完整、更稳定的财产权；其三，推进承包经营权和宅基地的转让权改革；其四，打破城乡二元分割的土地制度，促进农业功能多样化、乡村经济活动多样化。如今，城乡格局已经从原来单向的城镇化转向城乡互动，因此打破二元分割的土地制度对进入这样一种新格局来讲是非常重要的。

其次是切实保障农二代在城市的居住权，将符合条件的常住人口纳入住房保障范围和住房公积金制度覆盖范围，允许城乡范围内农民存量集体建设用地用于建设集体租赁房屋，让城乡接合部农民可以长期分享土地增值。我认为，其核心是开放农民集体对土地的租赁权和外来人口对集体住房的租赁权。

再次是落实农三代教育权，实现公办学校全部向随迁子女开放，放宽随迁子女在流入地参加高考限制。

最后是制定实现农民城市权利的成本分担机制。全国可以建立基本的公共服务保障包，对农民工和城镇居民一视同仁。若城市希望吸引人才，可以通过附加的公共服务实现。

3. 解码"8·11"汇改

管 涛

中国银券全球首席经济学家

下面,我将以一个相对公平、客观的角度,通过理论结合实际、政策结合市场,具体谈谈2015年"8·11"汇改之后的两年多时间里,外汇市场经历了什么,遇到了哪些挑战;2017年人民币汇率政策为什么取得了超预期的成功,之后该怎么办。

跨境资本流动的经济与政策含义

理解跨境资本流动的含义,必须从国际收支数据入手。国际收支账户与国民收入账户、财政账户、金融账户被并称为宏观经济四大账户。它们之间具有内在逻辑联系,其数据具有国际可比性。其他外汇收支数据大多借用了国际收支的概念。例如,企业完成出口后,将出口收入结汇,此部分在结售汇里被统计为贸易结汇。但是很多企业出口后,并没有立刻将出口收入结汇,而是将收入放在外汇账户,过一段时间再结汇。虽然这部分仍被统计为经常项目下的贸易结汇,但在国际收支账户里已经变成资本项目了。此时,国际收支口径反映的经济活动,与结售汇口径反映的是完全不同的。结售汇统计的内容全部反映在经常项目里,但在国际收支账户里已变成资本项目下的进出。出口收入结汇后，银行将外汇卖给央行，这笔交易就从民间部门的资本输出变成了国家的资本输出。

在很长一段时间里，中国一直维持"双顺差"（经常项目大量顺差，资本项目大量流入），外汇储备持续大幅增加。然而表 3.1 中数据显示，从 2014 年第二季度开始，资本项目变成了逆差。2015 年第三季度以前，中国资本项目净流出和经常项目顺差体量相当，外汇储备没有大的波动。那个时期境内外汇差较小，意味着在 2015 年第二季度以前，人民币既没有很强的升值预期，也没有很强的贬值预期。而 2015 年第三季度之后情况发生了变化，6 月、7 月股市的异动，8 月汇改以后外汇市场的动荡，都对市场信心造成很大的冲击，这就造成了境内外对人民币产生了很强的贬值预期。当然，我们也要考虑 2014 年后中国经济调整的因素，不过基本面的变化已不能解释资本为什么会在这么短的时间内发生集中的大规模流出。很大程度上，短期资本流出与市场信心相关。这种情况下，就有必要对资本流动采取一些干预的措施。

2015 年和 2016 年，国际收支账户的资本项目净流出（含净误差与遗漏）已经远超经常项目顺差，成为外汇储备下降、人民币贬值的主要原因（见图 3.1）。这表明此时的人民币汇率已不是一个商品价格，而是一个资产价格。相对于商品价格，资产价格更容易偏离经济基本面，出现过度调整，即所谓"超调"。图 3.2 显示，从 2016 年第二季度开始，资本项目的负债项（利用外资）又恢复了净流入，而资产项（对外投资）依然呈现净流出。这显示藏汇于民是中国前期资本净流出的主要渠道。因此，要稳定外汇市场，关键在于稳定在岸市场境内机构和家庭对人民币资产的信心。境外离岸市场人民币汇率的变化会影响在岸市场对汇率的预期。此外,在这个时期,市场主要关心的不再是贸易竞争力的问题,而是风险调整以后的境内外资产收益差异。

表3.1 2014年3月—2017年6月中国外汇变动情况

单位:亿美元

年份-月	经常账户	资本账户(含净误差与遗漏)	资产项	直接投资	证券投资	其他投资	负债项	外汇储备变动
2014-3	175	1 080	-642	-191	18	-469	1 462	-1 258
2014-6	861	-636	-1 505	-286	7	-1 226	1 157	-228
2014-9	837	-838	-1 198	-376	-38	-784	798	4
2014-12	901	-1 202	-1 284	-378	-96	-810	698	293
2015-3	853	-1 655	-813	-324	-252	-237	-314	795
2015-6	880	-749	-1 123	-385	-321	-417	680	-130
2015-9	655	-2 260	-857	-508	-1	-349	-769	1 606
2015-12	919	-2 071	-1 127	-661	-159	-306	-532	1 151
2016-3	393	-1 626	-1 098	-574	-220	-304	-135	1 293
2016-6	641	-987	-1 259	-640	-157	-462	771	343
2016-9	693	-2 056	-2 152	-552	-321	-1 279	842	1 355
2016-12	118	-1 614	-1 994	-364	-336	-1 294	963	1 495
2017-3	184	-210	-547	-205	-147	-194	915	25
2017-6	509	-193	-795	-205	-254	-336	1 106	-319

资料来源:国家外汇管理局,Wind数据库。

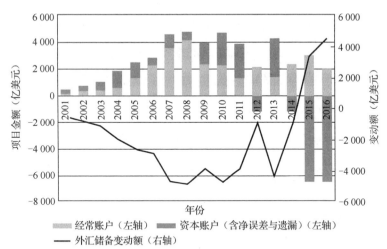

注：外汇储备变动额增加为负值、减少为正值。

图 3.1　2001—2016 年中国经常项目、资本项目及外汇储备变动情况
资料来源：国家外汇管理局，Wind 数据库。

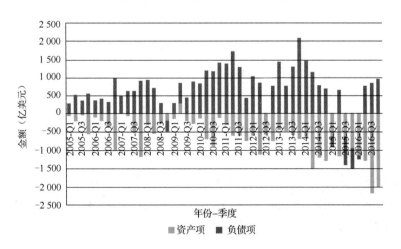

图 3.2　2005—2016 年中国资本项目下资产项和负债项基本情况
资料来源：国家外汇管理局，Wind 数据库。

在对外投资方面，从对外金融资产在整个金融资产的占比来看，中国相比主要发达国家并不低（见图 3.3）。但中国的官方对外投资过多,即储备形式的境外资产过多。图3.4中中国和日本含外汇储备的对外净投资数据表明,中国是全球排名第二的对外净债权国,仅次于日本,但剔除外汇储备后,中国变为对外净负债国。而日本在

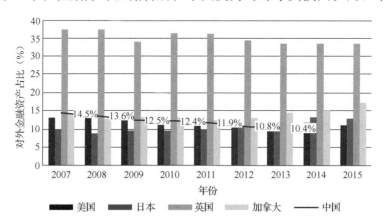

图3.3　2007—2015年中国与主要发达国家对外金融资产占比情况
资料来源：Wind数据库，CEIC。

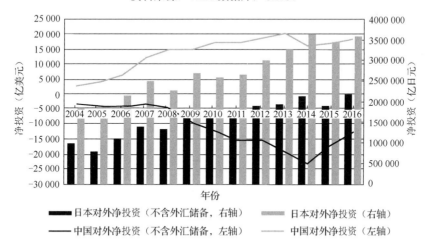

图3.4　2004—2016年中日对外净投资对比
资料来源：国家外汇管理局，日本财务省，Wind数据库。

对外投资中去掉外汇储备后仍是对外净债权国。因此，日本对日元升值敏感，是因为升值会导致海外资产缩水。

从图3.5跨境资本流动期限结构看，2014年以前短期资本流动的影响不大，但2014年以后，影响持续加大。2015年短期资本流动相当于基础国际收支差额的近两倍，2016年变为将近四倍。原本在短期资本流动和外汇储备之间存在的基础国际收支顺差的防火墙，这些年已经逐渐变薄了。短期资本的大量净流出直接影响国家金融安全，会造成外汇储备的大幅消耗。2016年，剔除估值影响的外汇储备资产降幅较上一年增加了30%。

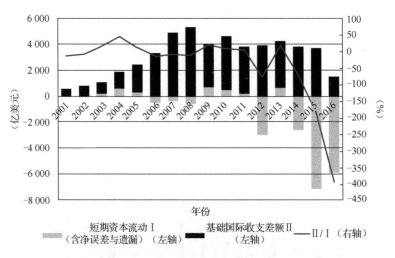

图3.5 中国跨境资本流动期限结构
资料来源：国家外汇管理局，Wind数据库。

短期资本流动很大程度上受市场预期驱使，和经济基本面存在一种弱相关的关系。市场看多的时候，会选择性地相信好消息；市场看空的时候，会选择性地相信坏消息。不同时间，不同的理论在主导市场情绪，于是市场就会出现一种多重均衡，即给定中国贸易顺差较大、外汇储备充裕、人民币利率较高的基本面状况，人民币汇率既可能升也可能降。

应对资本流出的政策选择

应对资本流出的冲击，政府一般可以选择三种工具：一是用价格杠杆出清市场，帮助货币贬值；二是直接干预外汇市场，抛售外汇储备从而稳定汇率；三是加强跨境资本流动管理，鼓励资本流入或限制资本流出。稳汇率、保储备，及资本自由流动是无法同时存在的。1998年亚洲金融危机期间，中国通过加强外汇管制，一方面打击出口逃汇，另一方面用技术手段堵住了进口骗购外汇的漏洞，结果不但稳住了汇率，还保持了外汇储备的稳定。

1997年年底，中国只有约1 400亿美元的外汇储备。这些外汇储备既要保证内地金融安全，又要维护香港金融稳定，其实并不充裕，因此中国并没有用消耗外汇储备的方式稳定汇率。到2006年年底，中国外汇储备约为1.07万亿美元，当时中央经济工作会议做出了不追求外汇储备越多越好的决策。2014年6月底中国外汇储备达到3.99万亿美元，为历史最高数字，相当于额外多增持了近3万亿美元。所以，这次我们改变了策略，通过消耗部分外汇储备支持汇率稳定。

即便"8·11"汇改后外汇储备的降幅一度达到近万亿美元，无论用传统的警戒标准，还是用国际货币基金组织最新的标准来衡量，中国的外汇储备都是比较充裕的（见图 3.6）。但是储备够不够用，没有绝对的客观标准，而是一个市场的主观感受。外汇储备下降持续时间越长、降幅越大，对市场信心的冲击越大，越有可能形成预期自我强化、自我实现的贬值恶性循环。外汇供不应求，储备进一步下降，贬值预期就会自我强化。所以，阶段性的保汇率和保储备实际上具有内在的一致性：因为要保汇率，所以要保储备。到 2016 年年底，保汇率和保储备都已成为阶段性的重要目标，那么加强跨境资本流动管理也就是必然选择了。

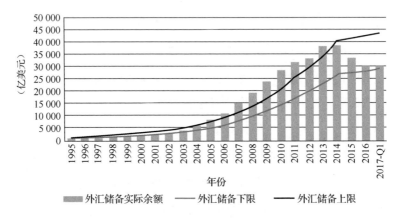

图 3.6　1995—2017 年第一季度中国外汇储备水平
资料来源：国家外汇管理局，Wind 数据库。

2017 年，中国采取跨境资本流动管理措施应对资本流出的冲击。一方面鼓励资本流入，包括加快境内债券市场的开放。从这个意义上讲，加强资本流动管理并不是人民币国际化进程的停滞。无论是资本项目可兑换还是人民币国际化都没有停下来，只不过方向变了，过去是流出流入双向均衡，现在流入方向继续鼓励，流出方向有所规范。

另一方面，中国还加强了对外直接投资规范。2016年年底开始，中国对一些海外投资领域和异常投资行为进行了调控。2016年中国基础国际收支顺差大幅减少，除了经常项目顺差减少外，还有一个很重要原因就是国际收支口径的跨境直接投资从顺差变成了逆差。实际上，2016年短期资本净流出比2015年减少了17%，但是基础国际收支顺差减少了60%，导致短期资本流出冲击加大。2017年情况发生了明显变化，加强了对企业海外并购的规范以后，2017年上半年国际收支口径的对外直接投资净流出同比减少67%。在外商直接投资净流入同比减少26%的情况下，跨境直接投资依然从2016年同期近500亿美元的逆差变成了139亿美元的顺差。2017年上半年基础国际收支顺差增加了37%。虽然短期资本仍然是净流出的，但是已被基础国际收支顺差覆盖，这直接加强和巩固了国家金融安全。

虽然能够加强国家金融安全，但从市场的角度看，2015—2016年对外直接投资的大幅增长也是存在隐患的。根据麦肯锡2017年4月发布的市场调研报告，2005年以来约60%的中资企业跨境并购项目没有为企业创造实际价值，特别是2000年后期的能源类收购项目，收益很差，其中84%的交易平均亏损额为期初投资的10%。新兴市场国家的金融开放大多伴随着金融危机。随着经济的发展，新兴市场经济体的可获资源大幅度增加，对外投资和借贷的冲动随之膨胀，继而使金融变得脆弱。基本面尚好的时候这些问题都被掩盖下来，基本面恶化后这些问题就开始暴露，酿成危机。从金融体系健康发展的角度考虑，规范跨境直接投资行为也是必要的。

汇率政策成功的关键在于公信力

汇率机制一般包括固定汇率制、浮动汇率制以及有管理的浮动汇率制。国际共识是，没有一种汇率选择适合所有国家以及一个国家的所有时期。现实世界不是非黑即白的，每种汇率选择都有其客观合理性。同一个经济体，汇率机制也是不断变化的。根据国际货币基金组织的统计，基金组织成员中采用固定汇率制和浮动汇率制的汇率"角点解"或"两极解"的经济体与采用各种形式的有管理的浮动汇率制的汇率"中间解"及其他汇率安排的经济体各占半壁江山（见表 3.2）。在货币贬值的情况下，有管理的浮动汇率制的"中间解"因为存在政策公信力等问题，可能难以有效阻止金融危机的发生。

表3.2　2008—2014 年各种汇率制度占比

单位：%

	2008	2009	2010	2011	2012	2013	2014
硬钉住汇率制度（固定汇率制）	**12.2**	**12.2**	**13.2**	**13.2**	**13.2**	**13.1**	**13.1**
无独立法定货币制度	5.3	5.3	6.3	6.8	6.8	6.8	6.8
货币局制度（联系汇率制度）	6.9	6.9	6.9	6.3	6.3	6.3	6.3
软钉住汇率制度（有管理的浮动汇率制）	**39.9**	**34.6**	**39.7**	**43.2**	**39.5**	**42.9**	**43.5**
传统的钉住制度	22.3	22.3	23.3	22.6	22.6	23.6	23.0
稳定化安排制度	12.8	6.9	12.7	12.1	8.4	9.9	11.0
爬行钉住制度	2.7	2.7	1.6	1.6	1.6	1.0	1.0
类似爬行的汇率制度	1.1	0.5	1.1	6.3	6.3	7.9	7.9
水平带内的钉住制度	1.1	2.1	1.1	0.5	0.5	0.5	0.5

续表

	2008	2009	2010	2011	2012	2013	2014
其他汇率安排	8.0	11.2	11.1	8.9	12.6	9.9	9.4
浮动汇率制度	39.9	42.0	36.0	34.7	34.7	34.0	34.0
浮动汇率制度	20.2	24.5	20.1	18.9	18.4	18.3	18.8
自由浮动汇率制度	19.7	17.6	15.9	15.8	16.3	15.7	15.2

注：由于四舍五入可能存在误差。
资料来源：IMF。

1994年汇率并轨改革以后，中国确立了以市场供求为基础、有管理的浮动汇率制度，即在汇率制度上选择了"中间解"或第三条道路。从汇率政策角度来看，在有管理的浮动汇率制度框架下，不同时期的汇率政策不尽相同，因此我们的汇率政策是符合国际基本共识的。

过去二十多年，中国汇率政策环境大致可以分为两类：一类是形势较好，资本流入，人民币面临升值压力。在这些时期，人民币对美元渐进升值，外汇储备大幅度增加。另一类是形势不好，资本流出，人民币面临贬值压力。在这种情况下，我们采取了近似的固定汇率制，使人民币重新盯住美元或者主动收窄浮动区间。例如，1998年亚洲金融危机爆发后，中国承诺人民币不贬值，将人民币兑美元汇率稳定在8.28左右的水平；2008年全球金融危机爆发后，中国强调信心比黄金重要，将人民币兑美元汇率控制在6.80~6.84，直到2010年6月中国人民银行宣布提高人民币汇率弹性。

在形势好的时候，可以采取渐进升值和储备增加的政策组合，主要因为理论上中国人民银行用以收购外汇储备的本币可以无限供给，同时可以采取对冲操作冲销流动性增加对国内通货膨胀和资产价格的影响。而这么做主要是因为，如果不增加外汇储备，就要容忍人民币更快地升值，而这会影响出口和就业，进而影响社会稳定。中国是一个大国，国内的增长、就业和物价稳定十分重要。因此，尽管 2006 年年底中国就确定了促进国际收支平衡的目标，但前些年外汇储备仍然存在超预期积累。虽然汇率稳定、储备增加并非最优的政策组合，但却是最适合国内经济情况的组合。

"8·11"汇改后，为应对资本流出冲击，我们采取了不同的做法，即继续坚持"中间解"，参考一篮子货币，继续实行有管理的浮动汇率制。为了解决有管理的浮动汇率制的透明度问题，2016 年年初中国创造性地推出了"人民币汇率中间价报价机制"，其中间价由上日收盘价和篮子货币汇率走势共同决定。但是，这个报价机制只解决了"中间解"市场透明度问题，却未解决政策公信力问题。2016 年年底，人民币兑美元汇率一路下跌，一定程度刺激了市场看空、做空人民币的情绪。直到 2017 年 5 月底，为了对冲外汇市场的顺周期波动，中国在报价机制中增加了逆周期因子。

2017 年汇率政策超预期成功的原因及展望

2017 年人民币汇率维稳取得超预期成功，前 9 个月美元走弱，人民币兑美元双边汇率升值，最高升值 7%。升值主要发生在 2017 年 5 月底引入逆周期因子后。虽然升值的原因不一定是逆周期因子，但是市场普遍将其归因为逆周期因子。只要市场确认了这个逻辑，就会影响价格走势。可以说，定价公式的透明度和汇率政策公信力的提升都产生了效果。

但从长远来看,这个定价公式不是我们改革的最终目标,而是一个过渡性的目标,主要作用是帮助提高汇率政策的透明度,帮助解决市场培育和教育投资者的问题。我们需要推动市场逐渐从过去关注双边汇率,转而关注多边汇率的变化;从过去只关注美元,转而更多地关注国内基本面的变化,这是一个市场培育和投资者教育的过程。解决汇率中间价市场化的关键在于完善外汇市场体制机制,包括增加外汇市场交易主体,使有不同风险偏好的市场参与者参与汇率形成的过程;放宽外汇交易限制,增加市场流动性;丰富外汇交易产品,增加外汇市场的深度和广度。

党的十九大报告强调了人民币汇率市场化改革的目标,其重要性是毋庸置疑的。人民币汇率改革不能仅仅局限于汇率调控的改进,还应包括外汇市场建设、外汇管理体制改革。理论上,形势好的时候改革风险较小,形势不好的时候改革风险较大。但对于政府而言,改革意味着改变,会有不确定性,需要做好预案,从最坏处做打算,争取最好的结果。同时,市场应该不断提高适应和管理汇率双向波动的能力,专注主业,控制好货币敞口风险,不要用市场判断替代市场操作。美联储前主席艾伦·格林斯潘(Alan Greenspan)曾经说过,做了半个世纪的汇率预测,终于明白对汇率要始终抱着强烈的谦卑心态。我想这也是我们应该有的态度。

第二部分
开放的路径

4. "一带一路"资本循环——宏大命题的小心求证

张岸元
中信建投证券首席经济学家

"一带一路"倡议在全球得到广泛认可，部分重点国家重点项目快速推进。同时，基本原理的梳理、历史经验的总结、理论含义的挖掘尚有很大的发展空间。在如此宏大的叙事面前，既有知识体系很难全面、准确地对此进行解读。未来"一带一路"的成功，是因为其遵从了基本科学原理，汲取了历史经验，把握了时代脉搏，创造性地解决了现实问题。

地缘政治的"东线西线"命题

关于如何构建亚欧大陆地缘政治格局，从来不乏天才构想。近代以来，亚欧政治经济社会的演进，始终受到亚欧大陆以外国家的影响甚至主导。在安全领域，地理特性决定了板块力量，中心国家可能面临"东线西线"困境。如两次世界大战中，东西两线作战始终是德国的梦魇，第二次世界大战中的苏联也一度担心日本会北上。

中国也不例外。近代以来，中国国土安全的威胁首先来自东线海洋方向；而此前，由于清朝对蒙疆藏的妥善安排，西线内陆矛盾并不突出。19世纪70年代，中国东西两线同时面临安全挑战，但由于国力羸弱，难以兼顾。围绕究竟选择"海防"还是"疆防"，清廷曾有广泛争论。李鸿章等基于"三千年未有之大变局"，强调"海防"；左宗棠等基于"重新疆者，所以保蒙古；保蒙古者，所以卫京师"，强调"疆防"。百年沧海桑田，来自海洋方向的威胁虽重大、迫切，但并未对中华版图造成长久实质性的影响：海上力量怎么来，最终还是要怎么走。而恰是来自西北方向的力量，大幅持久地改变了中国疆域。

因此，从地缘安全的角度看，只要国力允许，中国需要海陆并举、东西并重——向西就是"一带"，向东就是"一路"。

安全诉求与经济考量互为表里

中华人民共和国成立以来，"东线西线"问题并未消失。20世纪60年代的"三线建设"、80年代的"亚欧大陆桥"设想等背后，都有"一带一路"的影子。改革开放后，中国对外战略重点面向海洋方向，对内陆的重视程度一度有所下降。近年来，随着周边情势的不断演进，大陆国家的战略价值不断上升。

亚欧发展需要新的政治经济力量牵引

亚欧大陆以外国家干预亚欧大陆事务的能力不断弱化，参与亚欧大陆经济社会发展越来越力不从心。中国与北方邻国确立了稳固的全方位合作框架。大漠荒原不会成为安全屏障，阻隔不了思想的传播。除了创造性地运用中国几十年来积累的经济金融优势，促进经济增长、实现共同进步，我们想不出其他途径来防范文明冲突的风险。

国内经济金融禀赋需要新的投放空间

近年来，中国大力推进工业化、城镇化，形成了具有国际竞争力的庞大产能，以及大规模基础设施施工作业的能力。当前国内中级工业化进程接近尾声，城镇化进程进入后半段，相关比较优势需要新的境外空间和市场。伴随着经济的高速增长，中国积累了大量金融资产，其中大部分资产自身或其底层与特定工业装备及基础设施挂钩，存在一定比例的失衡。当"两化"进程进入后半段，这种失衡可能导致实物资产无法正常折旧、对应负债无法还本付息。在中国式"金融大爆炸"的 10 年间，金融部门规模快速膨胀，行业产出占国内生产总值比重接近 10%，远超美国和日本。中国实体经济以当前的规模来看，不需要如此庞大的金融部门为之服务，也养不活如此众多的金融机构，因此需要找到新的收益来源。发达经济体低利率环境无法提供与境内资金成本相匹配的资产，只有经济增长率在两位数的国家，才有可能提供 7%~8% 的收益率。因此，中国对外资本输出应前往高增长的发展中经济体。

4. "一带一路"资本循环——宏大命题的小心求证

海外轻重资产管理的经验教训

"一带一路"的核心内容,是通过大规模互联互通基础设施建设,降低陆路运输成本,引导生产要素沿亚欧大陆腹地交通干线流动。该思路与"海权论"在原理上如出一辙,在方向上则完全相反。从资产管理角度分析,海权资产和陆权资产有着不同的特性。

海权资产多是轻资产

殖民主义国家大多是航海大国。海权资产管理主要遵循国际多边规则。海上贸易国家无须对贸易路线投入巨额固定资产,航线类似于国际公共产品,各国均可低成本使用。除港口、少数运河通道外,大洋航线无须常年维护。航线因特殊原因中断后,也无须投入巨额资金就可以重新启用。古代陆上丝绸之路在打通、使用和维护上,也具有上述轻资产的特点,因此经得起千百年的考验。

陆权资产多是重资产

大陆国家通常是铁路爱好者。近现代互联互通基础设施以铁路、公路为代表。陆权资产管理主要遵循双边规则,需要与有关国家一对一谈判,从而确定建设运营管理模式。相关设施投入巨大,不是国际公共产品,沿线各国不能无偿使用;还本付息周期漫长,面临诸多不确定性;线路需经年保持运量,常年维护;因特殊原因中断后，需投入巨资重新启用。

近代史上，列强在中国修建的滇越铁路和中东铁路，都没有起到有效维护宗主国利益的作用。日本接手中东铁路南段后，在沿铁路线上投入巨资，大量移民，布局产业。虽然南满铁道株式会社一度取得了很大的成功，但该机构集政治、经济、军事、民政诸权于一身的殖民特征，恰恰从侧面说明了境外重资产运营管理的复杂性。

能否形成可持续的资本循环是关键

战时的安全考虑替代不了和平时期的经济分析。事实上，在现代远程打击条件下，铁路、公路、管道、光缆等陆上设施在战时都极其脆弱，境外基础设施建设应主要着眼于平时使用。

铁路公路的经济价值不在于通过能力，而在于其满足的物资和人员流动需求；港口的活力不在于装卸设施，而在于其所支撑的贸易和临港工业。中国的产能、施工作业能力、资本实力，足以在境外完成世界级的工程。境外无预算约束的需求很大，关键是如何将这些潜在需求转化为有支付能力的需求，并以此为基础，形成与有关国家的可持续资本循环。

从国际收支角度看，可持续的国际资本循环主要有"经常项目、资本项目组合平衡"和"资本项下流出、流入自平衡"两种方式。

4. "一带一路"资本循环——宏大命题的小心求证

经常项目、资本项目组合平衡

在"经常项目、资本项目组合平衡"方式下,中国通过货物进口为他国提供货币支付手段;其他国家用出口所得资金,对中方重大项目进行投融资的还本付息。21世纪初,中国在非洲重大项目投融资方面取得了极大成功,其基本模式是:各类项目无论有无盈利性,均打包由中方承建,对方国家用能矿资源的出口现金流还本付息。这一模式也被称为"安哥拉模式"。

与此前的非洲国家相比,多数"一带一路"国家没有现成可用的出口现金流,只能以国家行为的方式保障还本付息,因此"安哥拉模式"无法直接在"一带一路"国家复制。为实现可持续资本循环,中国需要在开展重大型基础设施投融资的同时,向有关国家转移产业,培育对方国家对华出口能力。鉴于具备一定人口规模、文化基础,进而有工业化潜力和意愿的"一带一路"国家并不多见;而中国国内区域间存在较大发展差距,产业在境内腾挪空间广阔,预计短期内中国大规模向"一带一路"国家转移产能的难度很大。

资本项下流出、流入自平衡

在"资本项下流出、流入自平衡"方式下,中国输出资本,对方国家用财政资金或项目自身现金流还本付息或提供股权收益。这一方式类似于由中国负责投融资的境外工程承包。国际工程承包领域应用此方式较多,项目成功或失败的案例都较为常见。

"一带一路"国家财政金融的典型特征是赤字财政、通胀高企、货币贬值，用主权信用支撑项目融资难度普遍较大。而项目自身现金流的还本付息能力，则取决于每类工程的盈利特性和风险特征，不同项目不可一概而论。总体来看，人口和经济活动密度是项目经济性的基础，南亚、东南亚国家在此方面更有优势；收费还贷等是实现财务盈利的一种方式，部分国家有借鉴中国经验、建立类似安排的意愿；汇率和资本项目管制是资金回流的瓶颈，多数国家存在风险。近年来，以当地电力需求为目标市场的能源项目，在中巴经济走廊顺利推进，这可能意味着相关方面已经取得重要突破。

不可继续大规模使用美元投融资

"马歇尔计划"使用美元，"黑字还流"则部分使用了日元。而到目前为止，"一带一路"资金主要来自中国官方储备的美元，方式包括向丝路基金、亚洲基础设施投资银行注资，经外管局"委贷办"向国家开发银行、中国进出口银行转贷等。由于使用的是美元，资金供给渠道难以为继，结果也存在不确定性。

储备源头的美元供给无可持续性。在中国人民银行资产负债表中，外汇储备与本币负债对应，大规模动用外汇储备在理论上存在争议。自2014年下半年，人民币面临贬值压力，储备吃紧。国内一些机构在发达经济体大规模开展以并购为主的对外投资。人民币贬值使得相关投资在财务上具有可行性，这引致对外投资规模进一步

4. "一带一路"资本循环——宏大命题的小心求证

扩大；而大规模资本流出，反过来再度加大人民币贬值压力。直至实施强有力的资本管制、引入逆周期调节因子，恶性循环才被打破。这一情况不可避免地会影响"一带一路"美元融资。

对国际资本循环和货币体系的影响非我所愿。从国际金融视角看，动用外汇储备开展美元融资可能带来两方面的后果：一方面，这意味着中国人民银行在做境外资产的重新组合，即用低流动性、低安全性、高收益性的"一带一路"基础设施固定资产，置换高流动性、高安全性、低收益性的美国国债。这会打破多年来中美间"贸易顺差—资本回流"的循环，美国可能因此降低对贸易不平衡的忍耐力。另一方面，大规模美元融资将扩大"一带一路"国家对外负债中的美元头寸，导致相关国家的货币汇率对美元进一步变得敏感。美元在亚欧大陆腹地的国际地位，将随着中国"一带一路"的推进进一步巩固。

人民币投融资任重道远

外汇储备美元融资窘境已经引起了政府的高度关注。2017 年 5 月"一带一路"北京峰会，习近平总书记宣布的丝路基金新增资金和对外援助资金，币种都是人民币。

中国将采取何种方式筹措人民币资金，目前还不得而知，但可以肯定，财政不会是唯一来源。根据国务院新闻办公室发表的《中国的对外援助（2014）》白皮书估测，中国在 2014 年以前每年通过财政实现的对外援助资金规模可能不到 300 亿元人民币，即便全部用于"一带一路"也是杯水车薪。进一步增加财政资金使用规模受到预算等方方面面的约束，因此不可能无限制扩大。未来，境内企业对外直接投资、市场化的银行间接融资、资本市场直接融资、"熊猫债"及离岸人民币资金的参与必不可少。

坦率地说，中国金融机构和金融市场的现状，距离面向"一带一路"开展大规模人民币资本输出的要求还非常遥远。几十年来，国际资本流动的重要特征，是从发展中经济体流向发达经济体。过去几年，中国也不例外。金融机构热衷于前往发达经济体的成熟市场开展资产管理和套利活动，而在发展中国家的分支机构的业务拓展能力普遍不足。离岸人民币聚集在少数国际金融中心，除享受人民币升值收益、等待回流之外，无所作为。

近年来，政府对金融进行整肃的重要原则之一，是要求金融活动回归服务实体经济本源。以此为参照，境外金融活动也要实现类似回归，即扭转资本输出方向，从前往国际金融中心开展资产管理业务，部分转向"一带一路"国家，围绕重大项目开展人民币投融资。

在这一过程中，以下举措必不可少。一是继续开展与"一带一路"国家贸易与投资的人民币结算，持续推进人民币流出，为有关国家提供人民币支付手段。二是加强与重点国家在财政金融领域的合作，强化财政纪律、货币纪律约束，提升重点国家主权信用。三是拓展央行间货币互换的人民币使用，以人民币补充重点国家外汇储备，建立集体外汇储备库,引导其他货币与人民币挂钩,系统性地降低汇率及资本项目管制风险。四是加大财政补贴力度,解决长期存在的"优贷不优"问题,提供有竞争力的人民币优惠贷款。五是扩大海外业务政策性保险覆盖范围,提供更为宽松的承保、理赔环境。

"一带一路"倡议高屋建瓴、命题宏大,而具体经济金融过程需要小心求证。只要战略方向正确,我们并不担心战术上的失败。创造历史是莽撞的过程,而精致的理性总能在事后建立起完美的逻辑。

5. 人民币国际化的经验与前景

夏 乐
西班牙对外银行亚洲研究部亚洲首席经济学家

实施人民币国际化战略的初衷与背景

为什么中国要推行人民币国际化战略？因为中国已经成为世界第二大经济体，在世界出口额中的占比也在不断上升，2016年已经达到了10%以上，如图5.1所示。

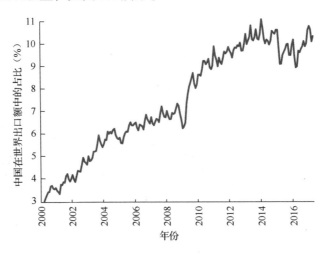

图5.1 2000—2016年中国在世界出口额中的占比
资料来源：Haver Analytics 和 BBVA Research。

5. 人民币国际化的经验与前景

长期存在的"双顺差"

人民币国际化战略可以认为是从 2008 年开始的，一个标志性的事件是 2008 年 12 月中国与韩国签订了第一个货币互换协议。

但是，2007 年、2008 年之前，中国长期存在"双顺差"。一个国家的国际收支表，通常分为两部分：资本项目、经常项目。经常项目包括进出口及一些单边的支付。例如，本国国民在海外赚钱，然后将钱汇回，这被分资金应包含在经常项目下。资本项目包括对外投资、直接投资，及所谓的证券市场投资等。在大部分国家，经常项目和资本项目是反的，也就是说如果经常项目是顺差，那么资本项目通常是逆差。经常项目和资本项目双逆差很典型的国家是美国。美国虽然消费了其他国家的产品，但是由于美国资本项目是逆差，因此资本项目需要美国输出美元以抵消经常项目。

但是中国不是这样，中国在 2000 年之后，经常项目是顺差。这很好理解，中国出口较多且加入了世界贸易组织（World Trade Organization，WTO）。但是资本项目也是顺差，也就是说只收钱不花钱，具体的表现的就是我们的外汇储备急剧膨胀。

为什么会出现这种情况？我认为这是汇率缺乏弹性和资本项目半关闭状态造成的。汇率缺乏弹性指虽然出口增加，但是由于中国长期以来采用有管理的浮动汇率制度，汇率变动不大。而资本项目是半关闭的，如果是完全关闭的，则外面的钱进不来，里面的钱出不去。我们欢迎外面的钱进来，20 世纪 90 年代各地都在招商引资，现在大家仍然希望有外面的投资进入国内。20 世纪 90 年代，地方政府在评价官员绩效时，外商投资额是一个重要的衡量指标。

半关闭状态再加上缺乏弹性，造成了经常项目和资本项目的顺差。政府积累了大量外汇储备，外汇储备是中国人民银行通过发行人民币购买的：出口商获得外汇收入，然后将外汇收入卖给政府，中人国民银行发行货币进行购买。在这种情况下，外汇储备不断增长，中国出现"双顺差"，有大量的中汇储备。但是在2008年金融海啸之前，人民币在国际上没有声音。金融海啸之后，2009年下半年仅有0.04%的中国对外贸易是用人民币结算的，大部分是用美元和其他外币结算的。

中国这么大的经济体，积累了大量的外汇储备，可是本国货币在本国对外贸易中没有被大量使用。

资本项目开放不足，海外的人民币存量不足，这两个因素是人民币国际化过程中的特殊之处，对我们未来的分析有重要的影响。

实施人民币国际化的三个原因

中国为什么要使人民币国际化？我认为有三个主要原因，这三个原因可能同时存在。

一般来说，对于一个国家，本国国民对外投资，本国同时也吸收国外的投资，二者体量应该是差不多的。如果出现较大的不对称，则会调整汇率，使这两部分体量变得对称。而中国则恰恰相反。中国大部分海外资产以外汇储备的形式由国家占有。另一方面，大量私营部门持有外债，例如外国对中国的单向投资FDI（Foreign Domestic Investment，外国直接投资），以及通过各种各样的项目进入中国的投资，如 QFII（Qualified Foreign Institutional Investor，合格境外机构投资者）、RQFII（RMB Qualified Foreign Institutional Investor，人民币合格境外投资者）等。

中国各部门间存在结构性的不平衡——私营部门持有外债，公共部门持有对外资产。在大量外汇储备以美元形式存在的情况下，人民币升值可能意味着外汇储备缩水。也就是说在人民币升值的同时，大家认为持有的美元在缩水，政府部门会承受很大的压力。

人们认为人民币将要升值时会借外债，一旦发现人民币贬值，就会选择偿还外债，否则会蒙受损失，因为国民收入都是以人民币计价的。此外，我们的外汇储备开始被国民用来偿还外债。当然这个过程是国民用人民币向银行买外汇，然后偿还自己的外债，这时外汇储备就会大幅下降，公共部门的外汇资产会流入私营部门。

人民币国际化可以避免海外资产由于人民币升值而受损。以前其他国家对中国的债务是以美元计价的，人民币升值时，中国持有的外汇储备会缩水。但如果是以人民币计价的，就能够避免损失。这也是人民币国际化的第一个重要原因。

第二个要推动人民币国际化的原因是，从长远来讲，中国可能会成为债务人，因为中国存在人口老龄化的问题。

老龄化会产生怎样的影响？需要被照顾的老年人可以被视为消费者，老龄化加剧说明消费者增多了，同时生产者减少了。这时如果一国有国际化的货币将会非常有帮助。就像现在的美国，美国大量印钞，然后用这些钱去世界各地购买服务、商品，形成经常项目下的逆差。

如果某一天由于人口老龄化问题,我们需要向其他国家购买服务、商品,那么拥有国际化货币对我们的政府和整个国家来说是非常有利的。

第三个推动人民币国际化的原因是,人民币国际化可以倒逼其他金融改革。这里列出四项重要的内容,即利率市场化、汇率自由化、资本项目可兑换和本国货币国际化。前三项是大部分国家都会经历的,无论是大部分发展中国家还是发达国家。但是本国货币国际化并不是每个国家都会经历的。

人民币国际化战略实施的早期阶段

上文介绍了人民币国际化的原因,下面我们讲一下人民币国际化战略实施的早期阶段。

人民币跨境贸易结算解决方案

人民币跨境贸易结算解决方案于2009年7月推出,2011年8月已成为全国性的方案。为什么在此之前人民币不能实现国际化?很大一部分原因是之前不允许用人民币结算对外贸易。从2011年8月起,大部分企业只要愿意接受人民币,或者愿意付出人民币完成对外贸易,一律被允许。这是一个非常重要的步骤。

5. 人民币国际化的经验与前景

发展离岸人民币中心

离岸人民币中心的发展首先以中国香港为主,后来又拓展到其他重要城市。中国境外没有人民币,若希望以人民币结算出口的商品,该怎么办?必须有限度地开放资本项目,增加境外人民币的使用渠道。香港成为离岸人民币中心后,如果进口商希望从中国购买服务,就可以到香港借人民币。

为了繁荣离岸人民币中心,政府还实行了一系列政策,如RQFII,还有"沪港通""深港通"等。我们通过某货币的境外存款额衡量其国际化程度。人民币在境外的存款额是从0开始增加的,至2017年,人民币境外存款已达5 000亿元左右的规模。

签署更多双边货币互换协议

2008年12月,中国和韩国签署双边货币互换协议,之后又续签。双边货币互换协议是一个双边的机制,在某种条件下触发后,一方的中央银行可以向另外一方的中央银行申请贷款。也就是说中国和韩国两国签署了双边货币互换协定之后,在某种情况下韩国的中央银行可以向中国的中央银行以某一市场利率申请紧急的人民币贷款,中国也可以向韩国申请韩元的贷款。曾经有一则关于双边货币互换协议的评论,当时中国和俄罗斯签署了双边货币互换协议,一位很有名的经济学家说这是我们把钱送给其他国家了,送了1 500亿元人民币。其实并非如此,因为签订协议并不意味着我们的钱一定会被送到外国去，只有在协议国有要求时我们才会将人民币以贷款的形式借给它们。

我的合作者有一个研究中国如何选择货币互换对手的课题，我觉得结论很有趣，也比较符合直觉：与中国的地理距离越近，越容易成为人民币货币互换对手。是什么决定了两个国家之间的贸易？很大程度上是两国之间的距离。两国距离越近意味着它们之间发生贸易往来的机会越多，两国之间的贸易量就越大，这正是国际贸易中的引力模型。很多人说中国在海外投资的时候，会选择一些制度基础比较薄弱的国家，比如委内瑞拉和一些非洲国家。然而，通过实证检验，课题组发现中国并不青睐那些本身制度基础较弱的国家。但是，中国对于对手是否有违约历史似乎并不在乎。阿根廷和印度尼西亚都是1970年之后有违约历史的国家，但是中国仍然选择在这些国家投资。该课题同时发现，中国的交易对手的资本项目的关闭程度也比较高，但是我们认为这更多是由对手主动造成的。也就是说当有违约历史的时候，更需要一些额外的安排来帮助避免未来的违约，如果未来流动性不足，可以向中国借人民币解决流动性问题。有趣的是，这些双边货币互换协议，原本旨在促进双边的人民币贸易投资结算，但后来事实证明，最有效的反而是我们所谓的传统用处，即货币互换协议帮助一些国家解决它们的流动性问题。货币互换协议实际使用比例并不高，使用的常常是那些有流动性问题的国家。

最后我谈一谈企业参与这一过程的意愿。经济学对实际工作有很重要的指导意义，如果希望推行人民币国际化战略，则一定要提

5. 人民币国际化的经验与前景

出合适的激励机制让企业参与进来。如何激励它们参与呢？表5.1列出了一些人民币国际化对企业的优势（收益）和劣势（成本）。人民币国际化后，对外贸易可使用人民币结算，这样企业就可以更好地管理汇率风险。具体来说，中国的出口企业购买中国的原材料的成本是以人民币计价的，出口产品得到的收入如果以外币计价则会形成汇率不匹配，给企业带来一定的汇率风险。如果成本是以人民币计价的，收入也是以人民币计价的，就可以锁定汇率风险。我们认为这是企业参与人民币国际化最重要的好处之一。

表5.1 人民币国际化对企业的优势和劣势

参与者	优势（收益）	劣势（成本）
国内贸易企业（国内进出口商）	• 管理汇率风险 • 减少外汇兑换和相关套期保值产生的成本（2%～3%） • 简化出口程序 • 其他来自政府鼓励人民币结算措施的收益	• 贸易融资的成本相对较高 • 受各种配额管制限制
外国贸易企业（主要是外国出口商）	• 人民币的强劲升值预期 • 离岸人民币金融产品市场的收益率更高 • 如果允许将离岸人民币作为FDI投资回中国，则可避免汇率风险	• 人民币在资本项目下不能自由兑换（离岸人民币流入应根据具体情况接受审批） • 离岸人民币市场规模不大且变现能力差
在中国有运营机构的跨国公司	除以上全部优势以外，跨国公司还可以利用境内和离岸人民币市场间的利率和汇率杠杆使利润最大化	

资料来源：CBI and BBVA Research。

至于银行，以前银行卖外汇，人民币国际化后银行不卖外汇了，银行与企业可以直接进行人民币的交易，这也会带来一些新的商业机会（见表5.2）。

表5.2 人民币跨境结算催生的商业机会

主体	商业机会
参与行	为贸易企业提供人民币跨境贸易结算服务，包括贸易结算和贸易融资
零售和公司银行	为企业和个人提供离岸人民币服务，如存款、换汇、汇款和支票
投资银行	为中国企业提供股票上市、债券发行、国际资产管理和套期保值服务

资料来源：CBI and BBVA Research。

发展成就

讲完了这些战略实施的早期阶段，下面我们简单看一下发展成就。2015年，人民币结算的贸易比例达到30%，这个比例在2009年只有0.04%，这是一个非常大的飞跃。

为什么大家用人民币进行贸易结算？汇率是主要因素。2009—2015年，大家对人民币升值有着强烈的预期。外国厂商在对中国出口时愿意接受人民币，因为人民币会带来额外升值的机会，这对外国厂商来说是非常重要的驱动因素。

对于外汇储备选择，在人民币2016年加入国际货币组织的

5. 人民币国际化的经验与前景

SDR（Special Drawing Right，特别提款权）之后，越来越多的海外央行和海外主权基金开始选择将人民币作为它们的外汇储备，但规模仍然很小。日元大概是人民币规模的5倍；美元的规模是最大的，是人民币的70倍左右；澳元规模也比人民币大。但这只是起步阶段，这个从无到有的过程已经能够产生很重要的影响了。

人民币加入 SDR，挤占的主要是欧元的份额，但是欧元区国家并不在意，因为欧元区国家希望欧元弱一点，这样对出口有好处。

图 5.2 是各个人民币离岸中心的比较。截至2016年年末，中国香港的人民币存款最多。

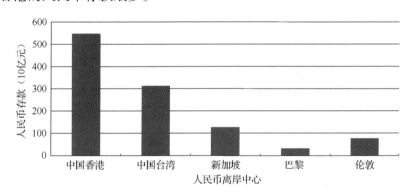

图 5.2 人民币离岸中心比较

资料来源：彭博与 BBVA Research。

图 5.3 反映了香港"点心债"市场规模的变动。中国香港经过多年的市场自发竞争，形成了很多人民币相关产品的市场，包括期权市场、期货市场等（见图 5.4）。

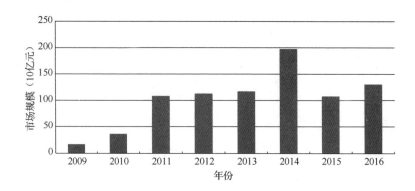

图 5.3　香港 "点心债" 市场规模
资料来源：金管局及 BBVA Research。

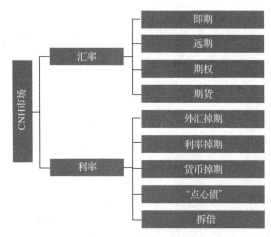

图 5.4　香港离岸人民币市场上的人民币产品
资料来源：BBVA Research。

下一个突破口：人民币债券市场开放

"8·11"汇改后人民币国际化的进程遇到了一些挫折。香港的人民币存款最高时将近 1 万亿元，而到 2017 年已经降到五六千亿元

5. 人民币国际化的经验与前景

的规模了，人民币国际化进程放缓。

人民币国际化改革是否还需要进行？这是一个很重要的问题，2017年金融工作会议，以及党的十九大，明确了金融改革次序问题，其中最重要的是完善国内的金融体制。

为什么"8·11"汇改时一定要关闭资本账户？我认为最重要的原因是当时中国的金融体系还很脆弱，还无法实行汇率改革。一旦发现有资本外流的趋势，就只能关闭资本账户，而关闭的成本也非常高。关闭资本账户后市场信心受到打击，并且很难恢复。当时之所以做出这个决断，是因为政府认为中国的利率市场（包括国内金融体系）没有能力抵御资本外流带来的冲击，因此不能完全放开汇率。

其实，我们可以找到既符合中国经济发展要求也能够推动人民币国际化的切入点，这个切入点我认为主要是人民币债券市场的开放。人民币债券市场如果开放，会吸收更多的资本流入，还可以引入外国资本。

我认为货币有点像语言，两个人都会同一种语言才能彼此交流。但是大家都知道学习一门语言需要时间，使用一种货币也需要时间。一家公司，以前用美元结算，现在突然改用人民币结算，给经理带来了很大的麻烦。经理需要询问银行有没有人民币账户？应如何结算？需要哪些手续？大家在工作中会发现，转换结算货币是非常麻烦的。

开放债券市场可以提高人民币的国际知名度，或者说提高海外投资者对人民币的熟悉程度。让人民币流入海外市场，海外有人民币之后人们会熟悉一整套人民币结算支付系统，人民币便可以通过

"汇兑系统"结算。但是中国需要建立自己的人民币结算系统，同时学习这些系统也是有成本的，不是将人民币国际化了大家就都会自动使用。

通过开放国内债券市场，我们可以吸引境外投资者，让他们获得人民币，了解人民币结算方法，拥有人民币账户。未来我们再将从单向开放推向双向开放，这样才能有效提高人民币国际化的程度。

第三部分
增长的趋势

6. 中国经济是否即将迎来新周期

何　帆
上海交通大学安泰经济与管理学院经济学教授、
北京大学汇丰商学院 EMBA 课程教授

下面，我抛砖引玉，谈一谈"中国经济新周期"。很多人说中国的新周期已经到来，那究竟什么是经济周期？从宏观的数据来看，中国经济的数据确实非常好，那么，新动能究竟有没有出现？我谈一点个人的体会。

中国经济周期特征

首先，我们把视野拉长，看一看中国从 1978 年改革开放以来的宏观经济周期的特点。早期，中国经济增长的速度比较快，但是波动性很大。通常发展中经济体都有这个特点，经济在开始起飞时波动性会非常大。从推行家庭联产承包责任制之后，出现经济增长高峰，中国用了不到 5 年时间解决了从 1949 年以来一直没有完成的人民吃饭难的问题。推行家庭联产承包责任制，是因为局部地区又出现了粮食不足的现象。而到了 1984 年、1985 年的时候出现一个新现象：农村的粮食国家没有办法全部上收，出现了给农民打白条的现象。短短 5 年的时间，中国的粮食生产问题、粮食安全问题就解决了。

6. 中国经济是否即将迎来新周期

随后在1988年，经济出现了比较大的波动。价格闯关没有闯过去，1989年中国经济又出现了一次震荡，但是很快又恢复了，所以在整个20世纪90年代基本上经济增长是比较快的。

20世纪90年代后半期的经济情况与大力推进改革有关。当时国有企业改革导致大批员工下岗，后来又遇到了1997年亚洲金融危机。所以当时有人认为中国经济可能动力不足，担心发生通货紧缩。结果出人意料，从2001年中国加入世界贸易组织，到2002年、2003年（2003年出现"非典"，当时大家并不认为中国经济会快速发展），这一轮经济增长的势头起来得非常快。然后出现了2007—2008年全球金融危机，在此之后全球经济一直在下滑。但是总的来看，20世纪90年代与80年代相比，经济波动性在下降，宏观调控的能力比原来更强。

宏观经济指标主要包含四个方面的信息。

一是趋势。中国经济增长率究竟能不能达到8%以上？首先要看基本面，而基本面首先包括人口因素：人口是年轻化还是老龄化。其次要看技术因素。过去中国虽然基础很差，但是中国人的学习能力和模仿能力非常强，所以很快缩短了和发达国家的技术差距。等到慢慢接近技术前沿时，进一步技术升级的速度就开始放慢，技术升级放慢，经济增长也会随之放慢。这里说的都是趋势。

二是季节。夏天时，天气非常炎热，用电量就会增加。每年圣诞节、春节时销售会增加。冬天的投资额很小，投资额往往会到第二年春天才开始增加。这些宏观数据的背后都有季节的因素。

三是周期。周期因素是我们最关心的。

四是外部的冲击。例如，突然出现了"非典"、禽流感，突然发生了希腊的债务危机、美国的金融危机等，这些事件对中国经济都会产生影响。

我们要观察的是经济增长究竟有没有周期；如果有，形成这个周期的原因是什么。我们可以用时间序列分析、HP 滤波法等把趋势因素剔除，然后剔除季节因素。做了这些工作之后还剩下一个周期因素和一个外部冲击因素。这两个因素很难进行拆分，但是我们大体上可以判断主要的影响因素是周期因素，因为外部冲击并不常见，就像不是每天都有台风一样。

做完这些工作，再来观察一些主要的宏观经济指标。图 6.1 是中国经历四轮完整的短周期的 M2 增长率情况。M2 指广义货币，一般用 M2 近似代表一个社会的总需求。如果观察 M2 的增长率，我们会看到其波动有起有落，关键要寻找拐点。我们从 2001 年开始观察，从拐点和趋势来看，2017 年中国大概处在第五轮周期，如果观察更早时期，中国经济的面貌则完全不同。中国在 1998 年进行住房制度改革，因此房地产经济是在 2000 年之后才变成中国经济支柱的。如果不考虑这个因素直接分析 20 世纪 90 年代的数据，由于经济结构发生了很大的改变，得出的结论就可能出现很大的偏差。

6. 中国经济是否即将迎来新周期

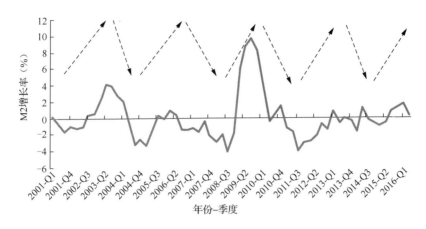

图6.1 2001—2016年中国M2增长率情况

资料来源：Wind数据库。

2017年，中国经济基本上处在第五轮周期的高峰。大概14个季度为一个周期，也就是3年多为一个周期。当然经济的波动性时高时低，大家尤其要关注在2009年时M2增长率出现了一个异常的高峰，因为2009年政府采取了极其宽松的货币政策。2008年年底政府推出了"4万亿计划"。有人认为"4万亿计划"是扩张性的财政政策，其实不然，4万亿元其实并不宽松，因为这4万亿元中有很多是原本就要花的钱。比如汶川地震，在这4万亿元中有很大一部分被用于灾后重建。不管有没有美国金融危机，中国政府都要给汶川人民盖房子，所以很难说新增了多少投资。但是我们能够清楚地看到，在2009年时出现了一轮极其宽松的货币政策。如果仔细观察，那一年出现了很多有趣的现象，比如利率倒挂——存款利率比贷款利率还高，因为企业不需要借钱。那时候银行求着企业借钱，银行贷款给企业之后，企业再把钱存到银行，银行提供更高的利息，而银行则通过这种方式来完成指标。

2009年异常宽松的货币政策，引发了一系列问题，比如影子银行。影子银行是在2009年之后出现的，因为出现经济过热，所以政府要"踩刹车"，这导致原来在2009年、2010年货币政策极度宽松时靠银行贷款投资的那些项目难以为继。

一般用生产者价格指数（Producer Price Index，PPI）衡量企业面对的价格条件。相对于数量指标，价格指标的波动性更具规律。如果观察PPI，我们发现其大致也存在五轮周期。2016年以前，PPI一直非常低迷，但是2017年PPI却居高不下，这也是大家认为新周期已经来临的一个原因。PPI已经起来了，但是CPI（Consumer Price Index，消费者物价指数）却没有起来。为什么？CPI没有起来可能有些比较特殊的原因，2016年的这一轮CPI没有起来主要是因为农产品价格没有起来。农产品价格在我们的CPI篮子里占1/3以上。

我们在2017年没有看到农产品价格上涨，事实是农产品价格反而在下跌。这可能与粮食储备情况较好有关。2016年粮食储备充足。由于价格一直往下走，2016年大豆开始出口。农产品价格上不去，因为中国制造业技术进步很快，所以中国制造品价格也一直上不去，这也导致了CPI价格没有升上去。

然而，历史上没有一次经济繁荣与CPI上涨无关。如果CPI没有上涨，很难认为已经出现经济繁荣，或者很难认为出现了经济过热。CPI可能会迟到，但是绝对不会缺席。如果中国真的出现了新周期，我们未来将会看到CPI的上升。但在CPI没有升高之前，不能断言新周期已经到来。

大家看GDP的增长率（见图6.2），会发现一个有意思的现象。其他的主要宏观经济指标都有一个大概3年的周期，唯独GDP在

6. 中国经济是否即将迎来新周期

2017年前几年的波动很小。如果其他宏观指标揭示的周期规律还存在，对GDP增速异常我们的解释是：一是现在宏观调控已经非常精准，二是很可能这个数字的准确性正在下降。究竟是哪一个原因，我也不知道。

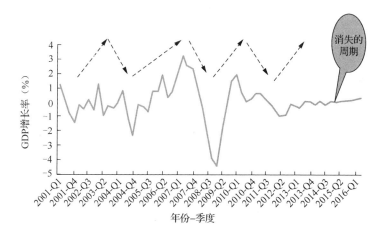

图6.2 2001—2016年中国GDP增长率情况

资料来源：Wind数据库。

我们还发现一个有趣的现象，即中国存在大概3年的周期，数量的指标和价格的指标都表现出3年的周期。从房屋的销售面积数据我们能够观察到，2016年中国经济处在第五轮房地产周期的峰顶。新开工的面积增长得非常快，"4万亿计划"中很多政府投资最后流入房地产。

所以结论是：中国到2016年为止仍然存在大概3年的周期，而2016年处于第五轮周期峰顶，并且周期中有非常强的房地产推动的因素。因为周期是3年，所以这个周期更多是金融周期，而不仅仅是房地产周期。如果是房地产周期，那么应该是 20 年周期，即 20 年换一轮房子。3 年的短周期与金融、信贷有关，其背后的逻辑是：当房价上涨时，政府会变得更加谨慎，更多地"踩刹车"。

中国经济的新常态

接下来我们将讨论中国经济处在什么样的位置，到底是处于新周期还是处于新常态。

新常态的说法，最早是在 2014 年由习近平总书记提出来的。新常态主要有三个特点，首先是中国经济从高速增长转为中高速增长。中国经济原来飞跃式发展的年代已经一去不复返，经济增长无法再回到原来 8% 以上的速度，这是由中国经济的基本面因素决定的。其次，经济结构不断优化升级，如制造业升级换代、服务业所占比重提高。最后，中国经济正在从要素驱动、投资驱动转向创新驱动，全社会对自主创新、"双创"都非常重视。

2016 年 5 月 9 日，犹如春天一声惊雷，《人民日报》发表了一篇文章——《开局首季问大势——权威人士谈当前中国经济》。文中提出中国经济不是 U 形，更不是 V 形，而是 L 形。U 形指到底部又回升。V 形则有点像 2008 年"4 万亿计划"推出后中国经济快速下滑，到 2009 年第一季度又迅速回升的情况。L 形是什么？就是经济在一个比较长的阶段处于在底部调整的状态。

权威人士认为，L 形是一个阶段，不是一两年就能过去的。但是

L 形被提出后，反而增加了大家的疑问。如果中国经济是 L 形，那我们现在位于 L 形的哪个位置？如果我们在 L 形的竖线位置，说明经济还会继续下跌，中国经济可能有硬着陆的风险。如果在横线位置说明我们未来会处在长期调整的过程中。究竟是 L 形还是 l 形呢？如果是 l 形，中国经济可能已经反弹了，一个"勾"已经勾上来了。

2017 年中国经济形势

大部分经济学家都承认中国 2017 年的经济形势不错，原因是出现了一个"存货调整"的周期。存货调整周期是 20 世纪 20 年代英国经济学家约瑟夫·基钦（Joseph Kitchin）发现的一个经验规律，每个周期的持续时间大约为 3 至 4 年，所以又被称为短波理论或"基钦周期"。其基本驱动力量是厂商存货的变化，相关理论被称为存货周期理论。

一个完整的存货周期往往被分为四个阶段（见表 6.1）。一是被动去库存。产品销售得很好，库存减少，即需求上升和库存下降。产品销售情况很好，企业预期未来需求订单会更多，就会增加库存。二是企业将主动补库存。这意味着产品的需求在上升，同时库存也在增加。三是企业很可能补了过多库存，最后发现需求并没有那么大，这个时候库存过剩，企业变成被动补库存。最后产品只能堆在仓库里，此时需求其实在下降，但表现为库存上升。四是企业对未来越来越悲观，开始主动去库存。但是当企业主动去库存时，可能经济也已接近底部。

表 6.1　存货周期的四个阶段

周期位置	需求	库存	经济形势
被动去库存	上升	下降	企业库存随销售增加而被动下降
主动补库存	上升	上升	企业库存随销售增加而主动增加
被动补库存	下降	上升	企业库存随销售增加而被动增加
主动去库存	下降	下降	企业预期消极，主动削减库存

巴菲特说过，要在别人恐慌的时候贪婪，别人贪婪的时候恐慌。但是我们很难走出恐慌和贪婪的循环。实际上正是贪婪和恐慌，才形成了经济周期。所以存货周期主要用来观测未来的经济形势及企业家的情绪。

2017年，我们已经基本上度过了主动补库存阶段，而进入被动补库存阶段。如果是被动补库存阶段，其实需求在下降。为什么我们一直在这种宿命中徘徊？这与人性有关。要想真正做到在别人贪婪的时候恐惧，在别人恐惧的时候贪婪，需要非常与众不同的定力。巴菲特能够做到，但常人做不到。大部分企业家具有凯恩斯讲的动物精神，因此最后很难脱离这个循环。

是否有新动能推动中国经济进入新周期

从工业企业产成品库存累计同比增长率来看（见图 6.3），中国经济在2016年处于库存增加的过程中，但基本已经从主动补库存发展为被动补库存。很多经济学家对此都有共识，分歧在于我们能不能进行"空中加油"。上一轮的"油"已经快没了，如果有一个空中加油机在空中把油箱加满，经济就可以继续往前飞。当存货的阶段已经接近尾声，能否出现一个新的周期？如 PPI 上升，会不会带动利润、GDP 也上升，使中国经济的新动能开始出现？中国经济是否会非常自然地从一个短周期转成一个中等长度的周期？

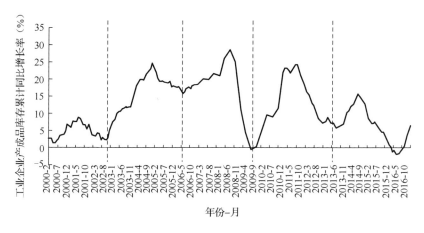

图 6.3　工业企业产成品库存增长情况
资料来源：Wind 数据库。

同时，谁来填补需求缺口？经济增长来自哪里？来自所谓的"三驾马车"，即消费、投资、净出口。

先看消费。2016 年消费情况很不错，主要是汽车消费很不错。这不是因为北京、深圳这些大城市买车的人多，而主要是因为三、四线城市车卖得好。一个重要的因素是税收政策的冲击，大家想提前利用政策，因此未来要买车的需求，都在 2016 年集中释放。2016 年的数据显示，生产和销售较好的汽车主要是比较低端的廉价车，因此像一汽这种希望走高端路线的厂商，在 2016 年没有抓住主要的市场机会。如果只关注一线城市的中高收入的白领，消费基本上没有什么增长空间，真正的变量在三、四线城市所谓的"小镇青年"，他们是中国经济的新变量。反映在汽车市场上，2016年低端车在三、四线城市卖得很好，但是不可能永远持续，所以到2017年我们看到汽车销售量在下降。

另外，社会消费者零售总额一直在增长，但是增速在放缓。这些说明消费的提升实际上是一个很缓慢的过程，截至2017年我们并没看到明显的消费提升。因此，使中国大幅度增加消费的唯一办法就是增加居民对服务的消费。居民消费主要用在教育、健康、医疗方面，这些服务的供给没有增加，导致需求受到抑制，而且价格非常昂贵，质量却很差，因此居民没有消费的意愿。因此在短期之内，很难通过消费拉动中国经济的增长。

再看投资。过去，经济下行时政府可以通过投资进行拉动，投资所谓的"铁公机"，即铁路、公路、机场。问题是我们已经把大规模基建的机会差不多耗尽了，其他如地下管网、地铁等也数量有限，像原来那样大规模地进行基础设施建设已经不可能了。

最后看净出口。那么净出口能否填补需求缺口呢？净出口等于出口减去进口，相当于国外送给本国的需求。过去大家经常说中国是出口拉动，其实并不是。中国只有在2004—2006年，净出口在GDP增长中真正起到了发动机的作用。在其他绝大部分时期，中国的经济增长都来自国内需求，包括投资和消费。

好消息是2017年因为美国经济复苏，中国的出口向好。中国的产品能不能出口，不取决于中国产品是不是物美价廉，而取决于美国人民的收入是不是在增加，取决于在美国人民收入增加的部分中，有多少被用来购买"中国制造的产品"。美国国民收入是在增加的，但是美国国民现在不愿意拿出更多的钱购买"中国制造的产品"。中美之间的贸易战对中国出口非常不利，寄希望于出口拉动中国经济增长非常难。

此外，企业也缺乏投资意愿。利润增加的主要是国有企业，大中型企业和处于产业链上、中游的企业。但这些企业利润改善之后投资并没有增加，没有为拉动中国经济贡献力量。

中国经济新的增长点

虽然有很多不利因素，中国经济增长的潜力仍然很大。美国西北大学经济学教授罗伯特·戈登（Robert Gordon）写了一本书，名叫《美国经济增长的起落》（*The Rise and Fall of American Growth*），其中最重要的一个观点是美国经济增长最快的一段时期是在1920—1970年。20世纪70年代后，美国经济在走下坡路，尽管出现了新经济、互联网，但经济其实不如原来。

1920—1970年美国经济发生了什么？美国经济出现了大萧条。美国在第二次世界大战期间经济是高度管制的，但在此期间美国经济仍然能够保持高速增长，为什么？我认为，有一些趋势一旦打开是无法收回的。因为在19世纪末、20世纪初出现了一系列的革命：首先出现了电，然后出现了电灯、电话、洗衣机、电冰箱、空调，以及汽车。接着汽车的性能不断被改善。福特最早推出的T型车，不是用钥匙启动的，而是用两根导线蹭着启动的。最早的T型车没有车灯，没有挡风板，后来慢慢增加了各种各样的创新装置。即便在 20 世纪 30 年代美国经济最萧条的时候，技术仍在不断进步。

工业升级换代、城市化进程

我们想知道，中国经济有哪些因素是一旦打开便无法再收回的。工业化已经打开了，无法再收回来，中国已经基本完成了工业化。接下来，制造业会进一步升级换代，而这个升级换代是出于制造业自身的需求，与政府的政策关系不大。劳动力成本上升，国外的竞争压力上升，国内需求的变化又这么快，同行竞争又这么激烈，逼得企业不得不创新。我们有很多创新的基础，但有一些创新在中国却很难出现，例如在中国很难出现乔布斯一样的人物。

但有两类创新，在中国特别容易出现。

一类创新我称之为"劳动密集型的技术创新"。中国人很擅长尝试。比如，中医通过几千年的尝试，总结了很多经验，最后形成了现在的一套治疗方法。类似地，我们可以通过人海战术，让很多工程师通过试错进行创新。在亚洲金融危机之后，中国大学大幅扩招，产生了大批科学家和工程师。华为、华大基因成功的主要原因是什么？是拥有大量研发人员。如果单独比较一个华为的工程师和一个 Google 的工程师，可能华为的工程师不如 Google 的工程师。但十个华为的工程师就会超过一个 Google 的工程师，而且我们的工程师工作态度更好。中国把最先进的技术和更经济的研发人员组合起来，这种"百团大战""人海战术"，是劳动密集型的创新。

另一类创新我称之为"市场引致型的技术创新"。高铁就是一个

6. 中国经济是否即将迎来新周期

很好的例子。高铁的革命性技术创新最早并非出现在中国，日本、德国是先驱。但是最后要进行商业化，必须到中国来，因为只有在中国才能建那么多高铁。有很多技术到最后一定是中国最先进，如全球治理雾霾的技术，以及与老龄化有关的很多技术。中国社会的发展趋势会倒逼中国在这些方面创造很多的技术创新，因为只有中国有这么大的市场。因而这些趋势在中国，一旦打开了很难再收回去。

中国经济三轮中周期的制度背景

政府可以做什么？我认为，政府可以做的是讲一个故事。

我们一开始讲的故事是"改革"。20 世纪 80 年代因为中国施行了改革，所以经济开始增长。我们的农村家庭承包责任制用了不到 5 年时间，解决了中国粮食生产的问题。但是，我们往往忽略了中国在 20 世纪 80 年代还有很多改革是不成功的。比如我们在农村搞了改革，又想改城里的国有企业，然而很不成功，后来乡镇企业异军突起，才创造了很多就业。但是，这个故事非常好，改革激发了中国经济活力，大家对未来非常有信心。

20 世纪 90 年代我们讲的故事是"开放"。开放后外国资本来了，外国技术来了，外国先进的管理经验来了，于是经济开始增长。然后中国在 2001 年加入 WTO。加入 WTO 是中国对外开放的一次伟大胜利。加入 WTO 之前我们还不自信，害怕一旦打开国门就会被外国企业打垮。那时候海尔的张瑞敏说，要学会"与狼共舞"。加入 WTO 之后中国企业得到很多宝贵经验。

其实还有一个故事,那就是"民生"。我们的经济增长已进入新常态,增长率保持在 6.5%水平,无法达到原来的 8%。所以,我们不谈经济增长,转而谈民生。老百姓最关心的就是上学难、看病难。解决中国老百姓上学难、看病难的问题,老百姓肯定高兴。中国现在唯一一个不害怕出现产能过剩的领域就是养老院,因为中国人口老龄化的速度非常快。

未来制造业能够创造的就业岗位会越来越少,未来大量的就业岗位一定产生在服务业。中国不仅缺很多大夫,更缺护士,医疗卫生体制改革,也可以从这方面着手。

把预期定在未来,大家有长期预期,就会有长期投资,有长期投资就会有长期经济增长。其实我们的机会很多,我们可以期待未来国家在民生、改革等方面会有一些更令人意想不到的新进展。经济一定有起有落,因此我们研究宏观经济周期更多要看未来的大趋势,然后根据不同的周期制定不同的决策。

7. 被掩盖的增长

高善文
安信证券首席经济学家

供给侧改革对经济影响的判断

2016年年初以来，中央推出"供给侧结构性改革措施"（以下简称"供给侧改革"），通过行政和环保手段在一些行业和领域严格地限制产能和产量。这种规模和力度的经济调控在21世纪以来没有先例。严格地限制钢铁产量、煤炭产量，必然会对经济增长速度产生强烈的影响。供给侧改革对经济的影响值得探讨。

要对政府政策进行探讨，必须用科学的方法。基于日常经验观察得出的结果，有些看起来很有道理，却经不起深入思考。仅应用观察得到的经验结论指导政策实践，可能会得到荒谬的结论，严重误导后续的政策。相比较来说，在医疗领域中使用的 RCT（Randomized Controlled Trial，随机对照实验），即通过设置对照组和目标组，控制其他变量观察特定输入变化对输出的影响，从而确定特定要素的影响的实验方法，极大地促进了人类医疗科学的进步。将这一学科研究方法应用到经济观察与分析上，有助于我们挖掘现象产生的本质原因，获得更为科学合理的结论。

为了分析供给侧改革对中国工业的影响，依据工业增加值数据，我们把中国工业分为两组。如图 7.1 所示，图中曲线分别为受供给侧改革影响的行业和不受供给侧改革影响的对照行业的工业增加值同比。二者分别占中国工业增加值的 1/3 和 2/3。该图反映了 2006—2017 年以来两组行业的工业增加值同比情况。黑线代表供给侧改革行业工业增加值同比，灰线表示对照行业工业增加值同比。从 2006 年 5 月到供给侧改革推出之前，10 年的时间里两条线是高度重合的。两类行业工业增加值同比运动方向同经济活动方向一致。当经济活动相对平稳时这两条线几乎是重叠的。

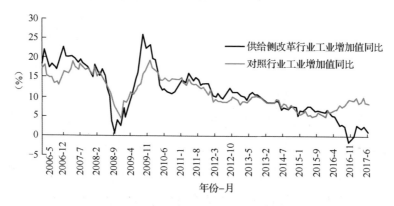

图 7.1　供给侧改革行业/对照行业工业增加值同比

数据来源：Wind 数据库，安信证券。

数据说明：供给侧改革行业包括煤炭开采、黑色矿开采、有色矿开采、非金属矿开采、造纸、石化炼焦、化工、化纤、黑色冶炼、有色冶炼、非金属矿物制品 11 个行业。对照行业包括煤炭开采和黑色冶炼业 2 个行业。

但是供给侧改革推出以后经济数据开始发生背离。两类行业的表现开始分道扬镳，黑线单边下行，一度跌到负增长的区间，随后轻微反弹。而灰线则单边加速，一路爬升。若以历史数据作为对未来趋势的参照，可以推断在没有供给侧改革的情况下，两组行业的工业增加值同比走势应当一致。中国的经济增速被供给侧改革系统性地压低了。

如果没有供给侧改革，中国从 2016 年年底的某个时候开始，真实的工业增速会从 6%左右一路加速到接近 12%的水平。如果工业增速从 6%加速到 12%，增长几乎翻番，对应的 GDP 增速会从 6.5%一路加速到 8%。从另一方面来说，供给侧改革将我们真实的经济增长率，系统性地压低了差不多 1.5 个百分点，将工业增速系统性地压低了至少 4 个百分点，经济增长被"掩盖"了。中国经济在 2017 年仍然保持了比较高的增速，但不能因此将其简单归功于供给侧改革，可能存在其他经济因素的支持。

供给侧改革推高通货膨胀的水平

除了经济增长，供给侧改革对生产的压制，大幅推高了生产资料价格的涨幅。通过观察 21 世纪以来几次经济反弹，可以分析本次改革对通货膨胀的影响。表 7.1 呈现季度数据，表 7.2 呈现月度数据。集中观察季度数据，表 7.1 第一列数据是工业增速的反弹幅度，代表经济活动从底部的反弹程度；第二列数据是价格的反弹幅度，代表价格在底部的抬升程度；第三列是两者之间的弹性，代表价格变动对工业增速变动的反应程度。在 21 世纪以来其他的历史时期中，这一弹性都维持在 1~2，平均值不到 1.4，在最高的 2013 年这一弹性也只有 1.87。

表 7.1　历次经济反弹中 PPI 相对工业增速的弹性（季度数据）

季度数据	工业增速反弹	PPI 反弹	弹性
2001 年第四季度—2004 年第四季度	9.23	12.00	1.30
2009 年第一季度—2010 年第一季度	14.50	14.50	1.00
2012 年第三季度—2013 年第三季度	1.00	1.87	1.87
2017 年	4.00	13.30	3.33

资料来源：Wind 数据库。

表 7.2　历次经济反弹中 PPI 相对工业增速的弹性（月度数据）

月度数据	工业增速反弹	PPI 反弹	弹性
2001 年第四季度—2004 年第四季度	11.50	12.60	1.10
2009 年第一季度—2010 年第一季度	16.90	15.33	0.91
2012 年第三季度—2013 年第三季度	1.50	2.21	1.47
2017 年	4.00	13.70	3.43

资料来源：Wind 数据库。

但是在 2017 年的这轮经济活动的反弹之中，弹性超过了 3，高于历史平均水平一倍以上。如果我们基于月度数据进行计算，会得到更为显著的结果。它清楚地表明供给侧改革对生产的压制，大幅推高了生产资料价格的涨幅。如果以历史的平均弹性为基础，月度 PPI 的最高点在 8~9，可以推算出如果没有供给侧改革，季度 PPI 在 2~3。

供给侧改革在几个最高点推动 PPI 上涨，对 CPI 也产生了影响。但是，我们观察到 CPI 的提升并不明显，原因是 CPI 之中包含较大比例的服务，且猪肉价格处于下行的趋势中，蔬菜处于价格小年。这些因素稀释了PPI带来的上行压力。

从价格的角度观察，我们可以得出结论：供给侧改革对通货膨胀和生产资料价格形成了巨大的影响。通过对第三产业中交通运输、仓储物流的数据进行分析，可以进一步从其他领域的基础数据印证该观点。工业增加值本质上是基于收入法测算的，在一些其他领域，还会基于产量、产值等核算。我们观察与工业增加值密切关联的数据，使用不同的数据来源，不同的数据核算方法，也能得出相近的结果。

工业活动要大量使用交通运输、仓储、物流设施，而原材料和产成品的交通运输也要通过铁路、公路、水路和航空等手段，其中铁路是主要的运输方式。铁路运输的国有属性使得铁路部门基础数据有很好的连续性、可靠性。水运港口吞吐的情况与铁路类似。而公路运输数据由于地税、超载的影响可能存在较大的统计误差。但是从绝对量来看，铁路和港口占据交通运输的大头，可以保证交通运输数据大致可靠。

如图7.2所示，对中国第三产业之中交通运输、仓储和邮政业的数据分析发现，2016年年初至2017年4月，交通运输、仓储和邮政业的增速从4%左右一路上升到10%附近。如果我们的GDP增速在8%，这意味着基本上回到2013年的高点水平。而如果单独分析交通运输领域2017年的增速数据，它甚至超过了2013年的高点，基本上回到了21世纪以来的最高点附近。在供给侧改革实施的这段时间内，交通运输行业基本上没有受到供给侧改革的直接影响，所以该数据在一定程度上佐证了真实的经济活动在此期间有很大反弹的事实。

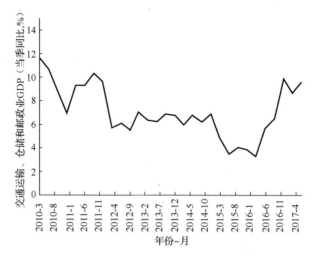

图 7.2　交通运输、仓储和邮政业 GDP

数据来源：CEIC，安信证券。

经济增长的原因

经济反弹并非源于内需

经济反弹源于内需的说法不正确。经济的巨大反弹必然要有相应的动力和来源，普遍的说法是经济的反弹源于基建和房地产投资。基建和房地产毫无疑问在经济数据的波动之中产生了影响，但是对这种说法仍要进行验证。中国固定投资和水泥消费量是两个合适的观察维度。基建和房地产都是中国经济的内需，被包含在中国固定资产投资的数据中；水泥则是在基建和房地产建设中必须使用的终端产品，且水泥很难进行存货摆动和大规模进出口，同这些投资活动具有很强的相关性。通过这两个维度的数据可以验证这个说法的准确性。

如图 7.3 所示，从 2016 年 2 月到 2017 年，中国全社会的固定资产投资增速是波动下行的。每一轮反弹的高点，都低于上一轮的高点。每一轮下沉的底部都变得更深，呈现出一个清晰的下行趋势。在投资数据上，不存在投资活动系统性地加速。

图 7.3　固定资产投资增速

数据来源：Wind 数据库，安信证券。

水泥在一定程度上可以被认为与基建和房地产存在很紧密的联系。如果要得出基建和房地产存在系统性加速的结论，则需要水泥产量数据的证明。如图 7.4 所示，2016 年上半年，水泥的产量有一次明显的加速，随后开始波动下行。到 2017 年，水泥产量的增速基本上已经下降到 0。从 2016 年上半年开始，整个水泥产量增速是波动下行的。基建和房地产在 2016 年年第一、二季度数据上有所反弹和上升，但从整体来看，其在波动中下行。通过这两组数据可以判断出中国经济增长的来源并不是基建和房地产投资。

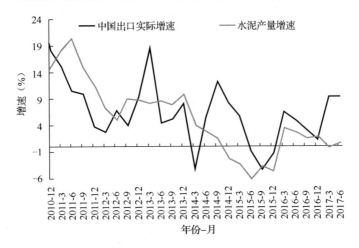

图 7.4　中国出口实际增速与水泥产量增速

数据来源：Wind 数据库，安信证券。

消费活动并非经济增长的来源

消费活动也不是经济增长的来源。中国的消费数据在历史上通常是一个同步经济指标，甚至有可能是滞后于经济活动的变量。消费活动的转折在绝大多数时候晚于整个经济活动的转折。通过在观察期中分析社会消费品零售数据可以发现，消费活动的系统性加速是没有发生过的。历史上中国经济活动的波动通常来自投资，如果是由其他力量造成的波动，根据经验也往往不是由于消费活动。

7. 被掩盖的增长

出口活动上升导致经济活动加速

排除投资活动和消费活动，经济活动的加速实际上来自实际出口活动的上升。实际出口是指将价格因素的扰动剔除之后的物料出口。如图 7.5 所示，我们看到在 2015 年的时候，剔除价格因素，中国真实的出口数据是负增长的。这是 20 世纪 90 年代初以来很少出现的现象。但自此之后，真实的出口活动出现了显著的加速。它的增速出现了拉升—修正—再拉升的情形。出口出现了非常显著的加速，以至于在 2017 年上半年，真实的出口增长率达到了接近 10%的水平。

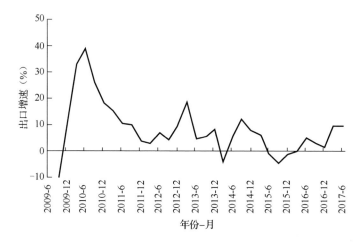

图 7.5　中国实际出口增速

数据来源：Wind 数据库，安信证券。

中国的出口活动中有很多是进口商品经过加工以后的再出口。基于一些研究机构和国际组织的估计，中国出口中完全在中国本土创造的增加值，大概占总量的 12%。以这一数据为基础，我们可以估计出口活动对经济的影响。

2015年全年出口活动对经济的影响是-0.1%，到2017年上半年，它的影响上升到了接近1.5%。在其他的因素都不变的情况下，出口活动加速1%会导致GDP加速1.5%~1.6%。这个估计可能边际上有偏差，但是量级应该是正确的。换句话说中国经济加速的主要动力来自出口活动的加速。

站在事后角度，可以比较容易地总结出出口活动加速的原因：人民币汇率的高估和全球经济活动的加速。2015年人民币汇率因为各种原因出现了系统性的严重高估，"8·11"汇改之后，汇率总体上开始下降，人民币对一篮子货币贬值尤其显著。人民币兑美元双边汇率从6.1跌到6.6，最低时曾经跌破7。其主要的原因是全球经济活动加速。全球工业增加值处在略高于0的水平，随后就开始逐步加速。2017年第二季度的时候，全球工业增加值已经超过了2013年的高点，第三季度全球工业增加值更高。

根据已有的工业生产数据，中国工业仅是轻微加速。因为中国是全球第一大工业国，中国的工业产出大于美国、德国和日本的工业产出之和，对全球工业有重大影响，所以如果将中国剔除，在中国以外的其他国家和地区，工业活动加速的幅度会更大。

中国经济对全球经济并未产生很大的影响，通过贸易盈余可以进行侧面验证。很多分析员认为，中国发生了基建和房地产需求的加速与供给侧改革，这两个事件对全球经济产生了强烈的影响。如果该说法成立，同期中国的需求在增加，可以推导出进口额上升，中国贸易盈余下降。同期很多行业受到供给侧改革的影响导致产量受限，也可以推导出中国进口的增加，这两种因素促进中国进口额上升，贸易盈余必然会大幅下降。换句话说，通过与其他国家交换使中国贸易盈余收缩的方法，中国推动了全球经济的恢复。2016年3月到12月，中国的贸易盈余几乎是不变的。基于不同的估计方法得到的数据可能存在微小的不同，但是总体上没有很明显的波动。这说明如果我们完全忽略外部需求的影响，完全基于内需恢复和供给侧改革分析问题，这样得到的推论，与国际收支数据存在尖锐的矛盾，它完全无法说明国际收支的表现。贸易盈余的平稳性实际上可以看作国内需求和外部需求共同作用的结果。全球经济复苏带来的出口上升和内需带来的进口上升在影响量级上相同，影响互相抵消，内部需求和外部需求的变动相互抵消，中国对全球和全球对中国的影响相互抵消。全球经济活动加速总体上并不是由中国引起的，甚至在某些领域中国产生了一些负向的作用。

2016年年初以来，全球经济复苏主要源于石油价格反弹、半导体行业复苏和欧洲经济的恢复。

第一，石油价格反弹，改善了石油资源国经济形势。石油价格从跌破30美元，随后反弹和稳定在50~60美元。全球范围之内石油供给领域出清比较彻底。石油价格出现大幅度的反弹，缓解了石油生产国包括俄罗斯面临的经济压力，使得它们的需求出现了很大反弹。

第二，全球的半导体行业出现了强劲的周期性复苏。半导体行业强劲的周期性复苏带动了韩国、中国等贸易量的大幅度上升。

第三，自2017年以来的欧洲经济恢复大幅超出预期。不太超出预期的是"欧洲五国"（指希腊、意大利、西班牙、葡萄牙、爱尔兰）经济的好转。五国在经历了几乎违约的严重的金融事件冲击以后，经济开始恢复,典型标志是五国主权利率大幅下降,相当于国债溢价大幅下降。另一个比较出乎意料的是德国经济出现强劲恢复。德国经济恢复历史上通常是由强劲的出口带动的,而本次却是由内需带动的,进而带动整个欧元区经济的恢复。造成这种情况的原因是德国接纳了 100 万名左右的难民,几乎相当于德国人口的 1.2%。接纳大量的难民,帮助移民融入德国社会带动了建筑房地产行业、餐饮行业、教育培训行业的发展,推动了德国消费和建筑业的繁荣。除德国之外,整个欧洲通过接纳和安置移民带动支出的上升,进而带动欧洲经济的恢复。

全球的经济前所未有地紧密联系在一起,而中国作为全球第二大经济体、第一大制造国,分析者在观察和分析经济活动的时候,必须放眼全球数据进行分析,考虑外部需求对于中国经济的影响。

8. 从经济失衡到金融乱象

徐 高
中银证券总裁助理、首席经济学家

我从四年多以前就在北京大学国家发展研究院授课，先后教过金融学和宏观经济学的课程。我今天演讲的内容是宏观经济学课程的浓缩版，相当于把我一学期的课程浓缩到一个半小时的演讲中，希望帮助大家用一个完整的框架来理解中国经济。

经济失衡和金融乱象是现在大家比较关注的两个长期的问题，其核心是对中国经济的一个统一的解释框架。我会介绍三方面的内容：第一，中国的经济失衡与债务问题；第二，货币政策及其传导机制；第三，去杠杆背景下的民营企业困境。前两个是对中国经济金融真实框架的呈现，最后落到当前的热门话题，即去杠杆背景下的民企困局。

中国的经济失衡与债务问题

宏观研究的一个特点是自上而下，行业研究则一般自下而上。自上而下的研究，就像你站在宇宙中来观察世界，观察某个感兴趣的现象，然后不断放大，最后放大到你所关注的具体问题上去。所以宏观研究首先要有一个大的框架，在大的图景里不断聚焦到你关注的问题。

全球储蓄率仍然处在高位

那么中国经济最大的图景是什么？显然是世界经济。那么世界经济的基本特征是什么？图 8.1 中的黑线是全球 GDP 与资本存量的比率，可以理解为投资回报率；灰线是全球储蓄占 GDP 的比重。可以看到，次贷危机之前这两条线有明显的正相关的关系。其背后的道理也很容易理解：投资回报率比较高，意味着储蓄得到的回报比较高，这时大家储蓄的动力会比较足，储蓄率也会比较高；反过来，投资回报率低的时候储蓄率会低一些。

但是次贷危机之后，当全球投资回报率明显下滑时，企业的盈利状况变差，全世界储蓄率却处在历史的高位。过去经济内部自发的调整机制是：投资回报率低则储蓄率低，投资回报率高则储蓄率高。这种机制在次贷危机时失效了。失效的原因是什么？图 8.2 是后危机时代中国的储蓄率。横轴是 GDP 增速，纵轴是储蓄占 GDP 的比重。图中分两个时段，浅色的圆点是 1980—2008 年，也就是次贷危机之前的数据；深色的方块是 2009—2017 年，也就是次贷危机之后的数据。可以很清楚地看到，两者相比，中国储蓄占 GDP 比重在次贷危机之后明显升高。

8. 从经济失衡到金融乱象

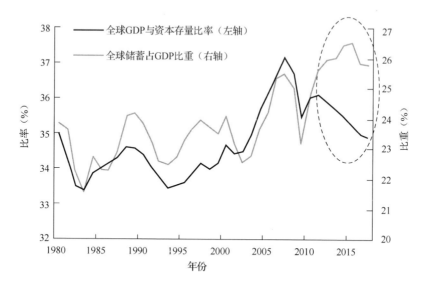

图 8.1　全球 GDP 与资本存量比率、全球储蓄占 GDP 比重

资料来源：IMF。

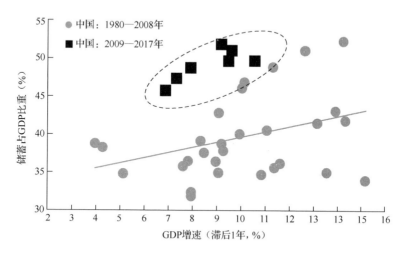

图 8.2　后危机时代中国的储蓄率

资料来源：CEIC。

而除中国之外的其他国家和地区，看不到这种异常（见图8.3）。在次贷危机前后其他国家和地区的储蓄率没有发生任何明显异动。所以如果追究全球储蓄过剩的原因，毫无疑问在中国：中国储蓄过剩导致全球储蓄过剩。虽然中国的GDP与美国相比还有一定差距，但即使按照市场汇率计算，中国的储蓄额已经占到世界总储蓄额的将近1/3，所以中国储蓄率是影响全世界总储蓄率的很重要的因素。

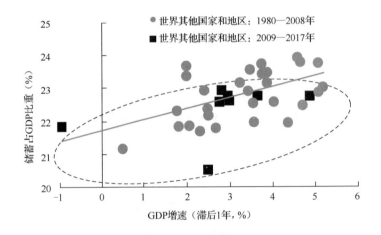

图8.3 世界其他国家和地区的储蓄率
资料来源：IMF。

在这种背景下会产生一个问题：储蓄过剩。我们观察到种种后危机时代经济病症的源头都是储蓄过剩。因为至少从数据上来看，储蓄是比较刚性的，处在比较高的位置。储蓄是用来做投资的，而要做投资就要看投资回报率，也就是大家愿不愿意将储蓄取出来投资项目。当全球投资过剩、投资回报率下降时，投资意愿偏低与刚性储蓄偏高就形成矛盾，即储蓄比投资多。

我们可以简单计算一下储蓄过剩对应的宏观结果。按照国民消费核算，国家总产出或者总收入=储蓄+消费。而投资+消费是总需求，如果不考虑外需，内需包括投资和消费。如果储蓄比投资多，就表现为产出比需求更大，可以称之为产能过剩或者需求不足。所以与所谓产能过剩、需求不足等价的说法就是储蓄过剩。

在金融层面，中国的银行体系沉淀了大量的可贷资金，银行的可贷资金归根结底源自实体经济的储蓄。银行体系面临的融资需求主要来自实体经济投资项目的融资需求。所以如果储蓄大于投资，表现在金融层面就是银行体系可贷资金找不到足够多的项目去配置，这是几年前曾经非常流行的所谓的"资产荒"：钱太多了找不到资产去配置。

全球储蓄过剩的重要原因在于中国的高储蓄

所以我们看到的种种经济病症核心是储蓄过剩，而储蓄过剩产生的原因是什么？这是一个很关键的问题。从直观上来讲，因为储蓄的反面就是消费，说储蓄过剩的时候，其实同时在说消费不足或者消费占整个经济的比重较低。一个直观的想法是：应该从收入方面找原因，因为消费主体是居民（消费者）。消费者要消费需要先有收入，所以先看居民收入。我们做了一个简单的对比，图8.4是中美居民可支配收入分别占中国和美国GDP的比重。可以发现两国居民的工资性收入差不多，大概占GDP的50%。但中美居民的财产性收入差距很大，中国几乎没有财产性收入（占GDP不超过3%），而美国的财产性收入占GDP的25%，所以中美居民可支配收入差距主要表现在居民财产性收入上。财产性收入是股息、利息以及不动产租金的总和。

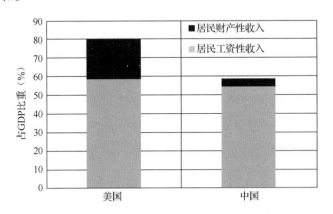

图 8.4 中美居民可支配收入占 GDP 比重

资料来源：CEIC。

有人说有些人卖房子赚了很多钱，怎么能说中国居民财产性收入少呢？但是老百姓将房子卖给谁了？卖给其他老百姓了。卖房者卖房的收入是买房者买房的支出，而且在这个过程中还要上缴一大笔税费，还会被中介拿走一大笔佣金，所以算下来居民从买卖房产中获得的财产性收入是负的，不能加进来。很明显，中国居民的财产性收入偏低，导致我们的居民消费不足。

但是这并不是核心，最关键的是图 8.5：储蓄的跨国比较。这里把储蓄做了拆分，经济中各个部门都会进行储蓄，储蓄=收入-消费。由于企业部门的消费几乎为 0，所以企业部门的储蓄其实就是企业部门的收入，也就是企业部门的利润，因为企业如果不把利润分红给其股东，就都进行投资了。还有一部分储蓄来自政府，政府也会进行消费，比如政府的医保、社保等支出。世界上绝大多数国家和地区政府的储蓄(也就是收入-政府消费)都是负的,而按照中国资金流量表的数据,中国的政府储蓄是正的。但中国的政府储蓄占GDP的比重不到10%,比中国居民储蓄和企业储蓄占GDP的比重小得多。图8.5比较的是各个经济体居民储蓄占GDP的比重(横轴所示)与各个国家企业储蓄占GDP的比重(纵轴所示)。先看其他经济体(浅色的圆点),这是将中国和石油输出国去除之后的经济体的数据,收集了每个经济体10年左右的数据。可以看出,其他经济体的企业储蓄与居民储蓄之间有比较清晰的负相关关系。

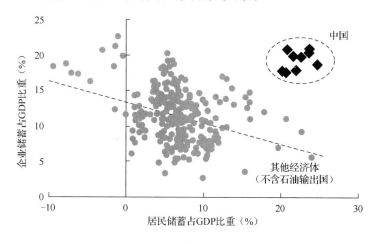

图 8.5 储蓄的跨国比较

资料来源:IMF。

这个负相关的关系很重要,重要到已经变成经济学的一个基本假设。存在这条负相关的回归线的现象叫作"刺穿企业帷幕"。我们假设天上掉了100美元,一种情况是这100美元被一个家庭A捡到了,A就把它存到家庭银行存款账户,家庭A的资产负债表上资产会增加100美元,所以A的财富会增加100美元。另外一种情况是,

100美元没有被家庭捡到，掉到公司B里了，公司B把这100美元存到自己公司的银行存款账户上。如果公司B是一个私营企业，其股权在A手里，那么公司B的资产增加了100美元，这100美元资产增长会精确地体现在公司B的市场估值上，或者体现在其股票估值上，最后A的资产负债表会因为A持有公司B的股票而增加100美元。所以最后的结果是，A的资产负债表里资产也增加了100美元，家庭的财富增加了100美元。这两种情况从资产的角度来讲是等价的。

这说明，当企业是私人所有时，在企业部门与居民部门之间的收入分配比例不重要，不影响居民的财富，也不影响居民的消费与储蓄的决策。所以回想一下我们学的宏观经济学的教科书里，有没有引入过"企业储蓄"这个概念？没有，因为我们求解的模型都假设企业每期从居民手里租借资本、买入劳动进行生产，生产完成后企业就清算了，所以模型里其实是没有企业储蓄的。为什么可以做这个假设？因为只要企业是私有的，假设企业没进行储蓄，那么储蓄都由居民来做，这与假设企业有储蓄是等价的。这一点在莫瑞斯·奥博斯特弗尔德（Maurice Obstfeld）和肯尼斯·罗格夫（Kenneth Rogoff）合著的教科书《国际宏观经济学基础》（*Foundations of International Macroeconomics*）中曾讲到，但是在大部分教科书中并未提及，因为西方学者认为这是一个理所当然的潜在假设。

所以，图8.5中看到的这种此消彼长的负相关关系，正是由于企业私有化之后，企业储蓄与居民储蓄等价了。简单来说，在私有制的经济关系里，企业储蓄与居民储蓄无非是居民衣服上的两个口袋，居民看中的是这两个口袋里的钱加起来有多少，然后来决定自己消

8. 从经济失衡到金融乱象

费多少、储蓄多少。一个口袋钱多了，另外一个口袋钱就会放得少一点，所以会看到负相关的关系。

我们再看中国，中国居民储蓄很多，占 GDP 的 20%，而日本的居民储蓄占 GDP 的比例与中国的差不多；中国企业储蓄也不少，差不多占 GDP 的 20%，印度企业储蓄率与中国企业储蓄率也很接近，也是差不多 20%。但是企业储蓄率和居民储蓄率同时这么高的，全世界只有中国。所以在中国，看不到企业储蓄与居民储蓄之间的替代性、负相关性。

图 8.6 是第三次国民经济普查得出的中国企业部门的资产构成结构，国有企业占资产总额的比例约为 54%，外资及港澳台企业为 10%，其他国内企业约为 1/3。这意味着，有 2/3 的企业财产握在居民部门之外的部门手中。它和居民的资产负债表会发生财富上的联系吗？不会。举个例子，你会因为某个国有企业今年利润非常多，挣了很多钱，这个国有企业的银行存款增加了很多，而觉得自己变得很有钱，从而增加你的消费吗？显然不会，因为它和你没有关系。

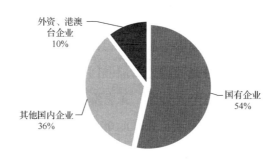

图 8.6　2011 年中国企业部门构成
资料来源：国家统计局。

但反过来，如果你持有一家私营企业的大量股权，这家私营企业今年利润非常好，存款增加了很多，企业储蓄增加了很多，股价也提高了很多（比如说翻倍了），你会不会增加消费？很自然你会增加，你会觉得自己变得更有钱了，你会减少自己的银行存款来增加消费，因为你觉得自己从股票上获得了很多财富。我们说美国居民不储蓄，美国居民的储蓄率大概为5%，他们将收入的95%都消费掉了。那么是不是美国居民不做储蓄呢？不是的，因为美国居民的储蓄大部分是通过他们持有的企业间接做出的。

而中国企业与居民之间的财富联系被割裂了。虽然中国企业部门的利润不错，储蓄也很多，但这些与居民关系不大。在企业储蓄之外，我们还需要非常多的个人储蓄，或者称为居民储蓄。很高的企业储蓄+很高的居民储蓄，形成了非常高的国民总储蓄，储蓄过剩的原因就在这里。

我再用另外一套逻辑阐释一下。回到一个本源的问题，当我们探讨中国消费不足问题的时候，还有一个更关键的问题必须提出来：中国现在居民消费不到GDP的40%，比其他国家都低，那么究竟什么比例是合适的？是到世界的平均水平60%合适？还是像美国一样达到70%合适？这需要先做一个价值判断，要有一个比较的标尺，这是一个最关键的问题。

但是很遗憾，世界上有很多讨论消费不足的声音，却没有人问这个关键问题。现在我们来回答这个关键问题。经济学家认为经济发展的终极目标是提升居民的福利，最大化居民的效用。消费足还是不足，取决于消费比例是否最有利于居民福利的提升。但消费是一个流量，当我们求解宏观模型动态规划时，实际上讨论的是现在

8. 从经济失衡到金融乱象

与未来的权衡。现在消费当然会带来效用，但是如果现在不消费，而是做储蓄、做投资，未来会带来更多的消费从而提升未来的效用，所以最后一定要在现在与未来的消费所带来的效用之间做权衡。

在现实中，它的实现机制是居民对企业的控制权和支配权。现实中大量的投资决策是企业做出的。企业到底该不该投资某个项目，应该由市场来决定。市场对企业的股价做出评估：如果一家企业投资的项目前景很好，投资回报率很高，当它宣布这个投资项目的时候，市场投资者、企业股东会很高兴，这个项目会产生溢价，企业股价就会上涨。反过来，如果企业投资一个项目，回报率很低，达不到资金在其他项目能获得的回报率，例如连银行存款利息都达不到，这时企业宣布这个投资项目，一定会使得其股价大幅下跌，因为大家不看好这个项目的前景。所以企业根据股票市场释放的价格信号决定其投资行为。这使得投资决策与消费者的偏好能够契合起来，因为在股票市场里进行投资的主要是消费者。

在私有制经济里一家企业想要过度投资非常困难，因为股东不同意。就算股东不反对也会有敌意收购者进入，因为投资低效项目一定会把企业股价压低，这时敌意收购者便会低价买入股票，成为大股东，然后把管理层炒掉，再宣布这个项目终止，让股价上涨，最后敌意收购者从中赚一大笔钱。所以企业的投资行为是受到约束的。

举个例子，乔布斯还在世的时候，苹果公司是资本市场有名的"铁公鸡"，从来不分红。但是投资者觉得没问题，因为当时苹果公司的利润增长得非常好，市场非常认可，股价不断上涨，股票投资回报率非常高。乔布斯去世之后，苹果公司虽然仍旧很不错，但是没有以前那么好了，这个时候市场就不满意了。在市场压力之下苹果公司已经连续做了很多年大规模分红。这是市场机制对企业投资行为约束的一个具体例子。

所以我们推动消费，不能靠投资拉动，最应该做的是还富于民。可以采取两个办法：一是在源头上对产生收入的资本、资产重新分配。如国企私有化、土地私有化，把这些能带来财富的资产还给老百姓。老百姓财产性收入增加了，对未来收入的预期增加了，消费自然会增加。二是通过大规模减税以及完善社保来增加居民收入，减少居民的税收负担，进而推动居民的消费。

基建和地产是未来中国经济的两大增长引擎

这种格局下，不能依靠消费，只能靠投资了。而中国的投资主要分为三部分：基建约占 1/4，房地产约占 1/4，制造业约占 1/3，这三部分占总投资的 80%以上。因为我们产能过剩了，让制造业投资扩产就意味着让它们"死"得更难看。制造业投资增速在"4 万亿计划"之后一路下滑，2018 年处在不到 10%的比较低的水平，所以不能继续投资（见图 8.7 虚线）。

在此背景下，能够成为增长引擎的投资只有两部分：一是房地产，二是基建。基建投资让地方政府债务扩张，所以债务扩张成为基建投资的约束，2018 年表现得尤为明显。下文我将详细解释基建投资。

经济增长依靠房地产和基建投资这两个引擎拉动，但政策对这两个引擎的刺激越来越弱，最后的结果是经济增速持续下滑。这是经济结构失衡背景下的必然结果：没有提升消费，又不愿意进行投资，经济增长必然越来越乏力。

8. 从经济失衡到金融乱象

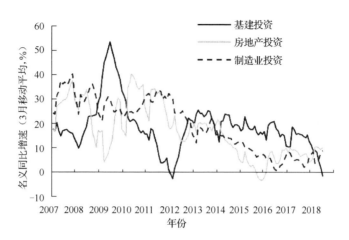

图 8.7　基建、房地产、制造业投资增速
资料来源：Wind 数据库。

在这种情况下再看债务问题。储蓄这么多，大概占 GDP 的 40%，而储蓄从储蓄者到投资者的流动要通过金融体系、通过融资来完成。我们再来看中国的融资结构，图 8.8 是中国社会融资的构成。社会融资规模描述了实体经济从各个渠道获得金融体系融资的支持力度。

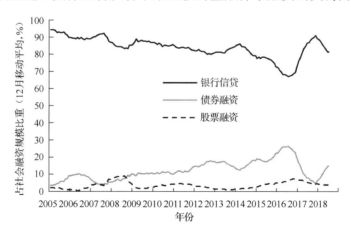

图 8.8　中国社会融资构成
资料来源：Wind 数据库。

2005—2018年，社会融资中的70%~80%（2017年更高，是90%）是银行信贷，10%~20%是债券融资，股票融资约占5%。所以中国融资里债权性融资占95%，股权性融资占5%。大量的储蓄通过以债权为主的方式转变为投资，必然会使债务规模不断增大，这是经济规律导致的结果。所以中国债务上升是有其道理的。

图8.9中黑实线是中国非金融部门（居民、非金融企业、政府）的债务占GDP的比重。可以看到，次贷危机之后，中国的债务率确实上升得比较快，但即便如此，中国在2016年，非金融部门债务占GDP的比重还没有到发达经济体的平均水平。我们大概为260%，发达经济体平均水平在270%~280%。日本比较特别，其国债占GDP比重达250%，加上其他非金融部门债务，共占GDP的400%左右。

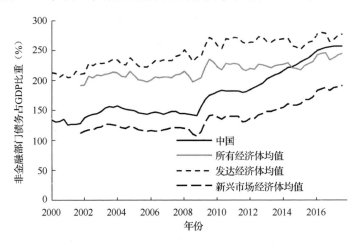

图8.9 非金融部门债务总量占GDP比重

资料来源：Wind数据库。

从图 8.9 还可以看出，在次贷危机之前的 2002—2008 年这段时间，中国非金融部门债务占 GDP 的比重是略微下降的，但为什么债务规模没有 GDP 增长得快？因为在次贷危机之前我们把富余的储蓄大量地借给美国了，美国的债务随之增加，随后爆发了债务危机（次贷危机）。于是美国没法再向我们借很多储蓄了，我们只能把储蓄用在自己国家，所以造成中国内债在次贷危机之后快速上升。

由此可知，中国的债务对应中国国内的储蓄，中国债务的上升对应中国储蓄过剩的现实。不能简单理解为我们的债务增多了，就一定会爆发债务危机，这是一个很不合格的经济分析。

进一步讲，债务是我们储蓄过剩、消费不足的经济失衡状态带来的必然结果。如果不认可债务上升，强行压低债务增长，因为债务增量对应融资，当我们试图对实体经济去杠杆的时候，对应的一定是融资紧缩。这时实体经济就会陷入融资难困境，实体经济增长必然会放缓。

中国的经济结构失衡与"走老路"

总结一下，我们经济结构失衡的根源在于居民收入占国民收入的比重太低，而有相当一部分的储蓄者是国有部门做的，这是比较刚性的。储蓄与投资行为并不受其他市场机制的约束，在这种情况下中国结构性失衡还会长期持续。

在这样的背景下走老路，通过投资项目，尤其是投资房地产和基建来维持经济增长是有道理的。因为收入分配的原因，没有办法使居民部门消费，也就没有办法做最有效的选择——不投资。那么如果一定要做投资怎么办？做低效投资还是不错的选择，至少创造了总需求，让工人有工作、有收入，经济平稳运行。

在这种背景下，我们走老路是有合理性的。但如果不想走老路，放任经济增长下滑，不搞基建、房地产投资，并不会必然带来经济结构的调整和优化，反而会带来经济结构的恶化以及最终长期的经济危机。

货币政策及其传导机制

下面讲一讲货币政策传导机制。货币政策传导机制简单来说就是在纸币体系下的纸币创造过程。它分成两个环节。

第一个环节是中国人民银行对基础货币的创造，如中国人民银行通过公开的市场操作，或者通过外汇占款等，包括现在创设的很多新工具如 MLF（Medium-term Lending Facility，中期借贷便利，俗称"麻辣粉"）、SLF（Standing Lending Facility，常备借贷便利，俗称"酸辣粉"）等投放基础货币。这个环节决定了银行间市场的流动性。

第二个环节是银行体系获得了中国人民银行投放的基础货币后，再通过信贷等手段派生出广义货币，这就形成了我们看到的 M2（银行存款）。这就是我们的货币政策传导路径。

在这个过程中货币政策其实把中国人民银行和实体经济联系在了一起。可以得到一个非常重要的结论：中国人民银行的货币政策是内生于实体经济的。如何内生？通过利率的传导来实现。中国人民银行基础货币的投放量决定了金融体系流动性的水平，也决定了

8. 从经济失衡到金融乱象

金融体系的利率水平。这时银行体系会做出权衡：一方面金融体系的资金利率是银行的资金成本；另一方面银行将钱投入实体经济中后获得的贷款利率是银行的收入。如果实体经济给银行体系提供的回报率明显高于金融体系的利率水平，把钱投入实体经济里就是有利可图的，那么企业也愿意借钱，因为它发现借来的资金成本比它的投资回报率低。这时实体经济融资需求会不断扩张，货币增长就会越来越快，对基础货币的需求也会越来越多，最后使得金融体系利率水平上升。

而中国人民银行一直希望把金融体系利率水平保持在比较低的水平。如果在实体经济投资回报率之下，融资就会越来越多。而要把利率压下去就必须投放越来越多的基础货币，最后基础货币增长会失控，广义货币增长也会失控。反过来也一样，如果中国人民银行提高利率水平，使其高于实体经济投资回报率，实体经济的融资需求会越来越萎缩，最后整个经济进入货币紧缩、通货紧缩状况。所以如果要保障经济和通胀平稳，货币政策设定的金融市场利率水平一定要与实体经济投资回报率相契合。

所以中国人民银行的货币政策其实主要受实体经济影响。金融体系中沉淀的大量货币、银行体系中大量的存款其实对应的是实体经济的储蓄。因为我们的储蓄过剩，所以金融体系有过量的可贷资金。假设老百姓都不储蓄了，把收入全花掉，这时如果中国人民银行印了 100 元钱，这 100 元钱一定会变为实体经济里某个主体的收入，这个主体拿到这 100 元钱马上花出去，这些钱变成实体经济购买力，就会推升物价水平，导致类似津巴布韦的情况发生，货币只会越发越多。虽然津巴布韦能印出一张 100 万亿津巴布韦元的钞票出来，但是其真实货币存量（名义货币存量/名义 GDP）很小，因为物价比其货币票面值涨得更快。所以如果实体经济没有储蓄，中国人民银行不可能在金融体系中形成大量的真实货币沉淀。

反过来如果居民的储蓄率很高，比如我把收入的一半都存到银行里，这时中国人民银行印 100 元钱，只有 50 元钱变成实体经济的需求，也就是购买行为，还有 50 元钱存到银行里沉淀起来，这样便能在金融体系里形成大量的真实货币存量的沉淀。所以我们的 M2 占经济总量比重不断上升，是因为货币超发吗？不是，是因为储蓄很多。金融体系的资金沉淀是实体经济储蓄的金融表现形式。

去杠杆背景下的民营企业困境

最后讲一讲去杠杆背景下的民营企业困境。2016 年国有企业开始"三去一降一补"——去杠杆、去产能、去库存、降成本、补短板。其中很重要的是去杠杆。在这样的背景下，本来应该预期实体经济杠杆率下降，但实际情况恰恰相反。2017—2018 年工业企业资产负债率不降反升，上一次工业企业资产负债率上升还是在 2008 年次贷危机时。2008 年之后，工业企业资产负债率长时间都是下降的，但却在去杠杆的时候资产负债率反而上升了，为什么？是结构性变化带来的。国有企业资产负债率确实降得很明显，但是民营企业或者私营企业资产负债率升得也很明显。去杠杆把国有企业的杠杆降下去了，但是民营企业的杠杆却升上去了。

在社会融资紧缩的时候,民营企业往往承受最大的压力

为什么在去杠杆时民营企业的杠杆会上升?原因有两个。

一个原因是供给侧结构性改革,人为推高上游产品价格。例如,2016年供给侧结构性改革开始的时候推行了所谓的上游限产政策。2016年采暖季,高炉开工率下降对应着螺纹钢价格暴涨。所以供给侧结构性改革的去产能政策其实是人为控制了上游产品的供给,推高了上游产品价格,形成了利润从中下游向上游的转移。而中下游民营企业占比大一些,上游国企占比大一些,因此利润从民营企业转移到了国有企业。

另外一个原因是在融资紧缩时,民营企业信用利差会拉大。从2017年开始到2018年我们搞金融强监管,社融又进入同比少增的格局,这时民营企业受到的压力更大。融资成本很高,利润又因为上游产品价格上涨受到挤压,所以民营企业的日子很难过,导致它们的杠杆率被动上升。

在这样的背景下我们看所谓的股权融资风险。股票质押于2013年出现:企业把股票质押给证券公司,证券公司借钱给企业。民营企业的股权质押比例明显高过国有企业。民营企业第一大股东平均会把自己的40%的股票质押给证券公司,国有企业大股东质押率只有 3%~4%。这样股权质押就成为民营企业在整个融资紧缩背景下一个越来越重要的融资方式。

政策建议:去杠杆政策需调整

我们认为,政府制定限产政策要掌握力度和节奏,要考虑中下

游企业的承受力,要给中下游企业减负。

宏观经济一般均衡中,所有因素之间的因果链条都是双向的,所以一些简单的线性思维,例如,看见杠杆高了,就把杠杆往下降;看见金融有风险,就严控金融,得到的结果往往事与愿违。所以必须把宏观经济现象分析清楚,不能仅仅就事论事,要基于宏观经济大局,推演出对具体问题的解决方案。

最后,我们对所有问题的分析,都要基于对经济全局的考虑。只有这样才能保证所有问题的解决方案不互相矛盾,最终形成一个自恰的、统一的框架。

9. 中国经济的"远"和"近"

钟正生
平安证券首席经济学家

中国经济究竟处于增长转型的什么阶段？近年来颇有争议。乐观的声音认为，设备的大规模更新换代将提振已经触底的制造业投资信心，制造业的"春天"来了；而谨慎的声音认为，随着全球经济步入新常态，中国经济迈入新时代，转型改革面临新诉求，中国经济也必将进入一个新的，但或许更低的增长平台。我想讲一下中国经济的"远"和"近"。所谓"远"即意存高远，属于经济增长的范畴；而"近"则属于商业周期波动的范畴。目前，社会上对中国经济的看法有一些分歧，资本市场对中国经济的情况尤为关注。简单来说，我们既要看到经济增长的大势，也要看到短期商业波动的方向；既要看到宏观经济大的框架，也要看到经济主体的微观变化。

中国宏观经济基本判断

2012年是中国经济的分水岭

2012年是中国经济的分水岭。2012年之后，中国经济增长最明显的变化是出口凋敝。同时，2012年是中国人口红利的拐点。也就是说，中国绝对劳动人口的数量从2012年开始下降。

新经济体量尚不足以带动中国经济重返高增长

外界对中国经济的态度可能过于乐观。

第一，中国是一个消费大国，消费对经济增长的推动作用会逐渐体现出来。与美国相比，中国的消费在经济中所占的比例还不是很大，所以我们并不认为现在消费已经成为中国经济增长的新动能。

第二，中国服务业占GDP比重（服务业占比）一直在上升。但事实上中国的服务业占比还不及中等偏下收入国家的平均水平，更不用说达到高收入国家的水平。所以服务业占比上升更多是后发赶超，与成熟经济体差距还非常大。

第三，第三产业占GDP比重（第三产业占比）超过第二产业存在"价格幻觉"的成分。由于服务业价格一直平稳上升，但生产资料价格在2016年去产能之前的40多个月里都保持负增长，所以2012年之后第三产业占比快速提升更多来自相对价格的变化。如果我们把相对价格的变化剔除掉，不难发现第二产业仍然占中国经济的主导地位。

此外，我们有一个判断，随着经济结构转型逐步推进，中国潜在增长率的方向是向下的。

如果从长期经济增长的角度来看，资本、劳动和全要素生产率三者至关重要。资本可以理解为一个国家储蓄和投资的差额，也就是实际可用的资本。若这个差额逐渐收窄，则可用资本不断减少。

9. 中国经济的"远"和"近"

而从 2012 年开始,中国的绝对劳动人口已经减少。全要素生产率包括两部分:一部分是资源重新配置的效益,另一部分是纯粹技术进步的效益。中国前几年一个很大的改革红利是大量农村剩余劳动力转移到城市。一个人从农村来到城市,从务农转为务工,假设其他条件不变,一定会带来劳动生产率的提高。所以当大量资源从农村转向城市、从农业转向制造业时,整个社会资源的净效应是向上的。

中国前几十年的改革红利是大量人口从农村转移到制造业,但在 2012 年,中国服务业占比已经超过制造业占比。由于第三产业生产率低于第二产业生产率,当更多人口从制造业转向服务业时,资源配置净效率是负的。

中国近几年的经济结构转型与 20 世纪 90 年代初的日本和韩国有许多相似之处。当日本和韩国的服务业占比逐渐超过制造业占比时,两国都经历了经济增长速度下台阶的过程。日本、韩国、美国都有这样的问题,服务业占比越高,潜在增长率越低。

通过分析可以看出,中国劳动人口减少,可用资本逐渐减少(至少没有增长的迹象),所以如果没有一场轰轰烈烈的技术革命,中国经济的增长方向很可能是向下的。这也是为什么党的十九大报告说中国从高速增长转为高质量发展。为了延缓这种前景,党的十九大报告里特别强调"创新"。未来,我们期待有一场技术革命,这是一个大的方向。

也许中国会经历一段比较波折的时期,但是只要经济增速可以稳定在每年增长 4%,再增长 15 年,也一定是世界经济史上的另一个经济奇迹。从这个角度来说,增长的质量比增长的速度更加重要。

中国经济也许会在底部停留很长时间，想要在这个底部像当年的韩国一样持续增长15年，还有很多事情值得总结。这就是中国经济的"远"，也就是对最简单的经济学分析框架里资本、劳动和生产力三方面的分析。

经济增长的三架驾马车

下面讲一下中国经济的"近"，这里涉及经济周期的概念。中国经济处在什么阶段呢？我们分别分析经济增长的"三驾马车"。

投资

中国固定资产投资主要包括基建、房地产、制造业及其他投资。

首先是基建投资。2017年中国的增量投资中有60%来自基建投资。基建投资在经济生活中无处不在，虽然基建投资贡献了大半的增量投资，但基建设投资整体是缓步前行的，这主要有三个原因。

第一个原因是，2017年以来中债、城投债的贷款利率不断上行，地方政府和城投融资平台融资成本不断上行，这意味着地方政府资金来源压力会进一步加重，货币金融环境整体趋紧。

第二个原因是，2015年、2016年货币政策非常宽松，地方政府依靠这几年积累的资金，继续维持较高的基建增速。但坐吃山空下，未来基建投资压力将逐渐显露。

第三个原因是，政府寻求从高速增长到高质量发展的战略转变。由于服务业吸纳就业的能力比制造业更强，近几年中国的就业市场

9. 中国经济的"远"和"近"

比较稳定，但整个就业市场还是供不应求的状况。所以，现在政府不再设定硬性经济增速目标，这意味着政府对经济增速适度放缓的容忍程度在提高，依靠基建投资托底的意愿下降了。

另外，中国每一轮财政扩张都是"双轮驱动"的。第一个"轮子"是国有企业。2015年之后，国有企业盈利系统地低于民营企业盈利，而上市公司盈利的沉浮全部由国有企业主导。到了2017年，由于轰轰烈烈的去产能、供给侧结构性改革，国有企业回报率又重新攀升，整个上市公司的盈利也随之攀升。2017年的金融工作会议上，去杠杆的重心是实体经济的去杠杆，去杠杆主要是去国有企业的杠杆，这意味着国有企业要少加一点杠杆，少做一点投资，尤其是盲目的投资。幸运的是，过去几年去产能主要去的是民营企业的产能，所以过去几年国有企业赚了钱，就不会盲目扩张产能。

财政扩张"双轮驱动"的第二个"轮子"是地方政府。地方政府债务可以从存量和增量两个角度看。从存量看，2015—2017年，很多地方政府已经卸下了存量债务的担子。但从增量看，地方政府债务上升还非常迅猛。2017年5月以来中央政府加强地方财政纪律的态度越来越明显，所以地方政府的这个"轮子"也会放缓。

其次是房地产投资。2017年房地产投资增速是7%。2018年房地产市场有两个"拖累"和两个"可能支撑"。

第一个"拖累"，就是2018年房地产销售步入负增长，从而对开发商现金流和投资信心造成影响。开发商资金来源包括房屋预售款、海外发债、银行贷款和自有资金。房地产销售转负意味着开发商预售款这一项出了问题，这将对开发商现金流产生影响。

另二个"拖累"是房子卖不出去，开发商拿不到预售款。这对开发商资金造成很大的拖累。

第一个"可能支撑"是房地产市场的集中度越来越高。大的开发商越来越强,中小开发商越来越多地被淘汰出局。强者更强造成政府和开发商的博弈变为政府和少数寡头开发商的博弈,博弈格局发生了变化。所以这时候坚持房地产长期调控长效机制不变,意味着市场更加稳定,龙头企业议价能力提高。

第二个"可能支撑"是房地产长效机制的构建有望推动土地供应提速。长效机制里最核心的是住房租赁,发展租赁市场会增加房屋供应,抑制房价,也会让房地产市场保持平稳。2017年8月原国土资源部、住房和城乡建设部联合推出13城市试点集体建设用地建设租赁住房,发布《利用集体建设用地建设租赁住房试点方案》。房地产价格不断上涨的很重要的原因是供不应求。土地供不应求决定土地价格居高不下,土地价格居高不下决定房价居高不下。

最后是制造业投资。2018年制造业投资温和上升,原因有如下几点。

一是上游企业盈利改善逐步扩散。2017年工业企业利润增速达到2012年以来较高水平。上游钢铁、煤炭等行业去产能,带来盈利改善,所以上游行业价格涨得比较快。

经过几年供给侧结构性改革之后,上游行业价格上涨,中游行业价格也随之上涨,生产资料价格逐渐从上游上涨,到中游上涨,再到下游消费品价格上涨。中游企业成为盈利新生力量。整个制造业更加均衡全面了,投资也将更加均衡。

二是民间投资受到中央政策扶持。党的十九大提出要鼓励有效投资，特别是民间投资的发展，推出了负面清单制度，即凡是国家没有规定不能投资的行业都可以投资，没有规定不能进入的行业都可以进入。

消费

2018年社会消费品零售总额增速下降，原因主要来自石油、汽车和房地产相关消费的透支效应。

消费支撑因素来自居民收入增速的温和回升，以及农村消费意愿的回升。2017年农村消费增速大幅提高，体现出收入增长和扶贫政策下农村消费意愿的显著提升。

进出口

进口方面，2018年1月，中国进口大幅蹿升，除了人民币汇率升值的影响外，也反映了内需韧性依然良好。全年来看，随着大宗商品进口对中国进口增速的扰动逐步退潮，加之国内终端需求走弱，进口增长显著放缓。

出口继续受益于海外经济的温和复苏。不过，人民币汇率在2017年以来的大幅升值也可能对出口增长产生滞后影响。全球经济复苏未必带来中国出口增速的同比例上行。中美贸易摩擦也给中国出口蒙上一层阴影。

货币政策与金融监管

货币政策稳健偏紧

2018年货币政策保持"稳健中性"的态势。中国货币政策的独立性逐渐承压。中国与发达经济体所处经济周期阶段的不同,决定了二者收紧货币政策的节奏难以同步。随着美国产出缺口的收敛,核心通胀存在明显的上行压力。当美联储据此而持续加息和缩表时,中国人民银行可能需要在"被动收紧货币政策"与"金融支持实体经济"之间做出权衡。在2017年四季度《中国货币政策执行报告》中,中国人民银行对海外经济与金融环境的关注度明显上升。这体现出以美股、美债为代表的海外金融市场大幅波动,对国内货币政策的独立性正逐渐构成一定压力。

10. 居民加杠杆的是与非

伍 戈

长江证券首席经济学家

中国居民杠杆率概况

居民杠杆率水平

我们每个人都是居民，现如今，深圳和其他一线城市的房价都很高，因此每一个人都非常关心房价问题以及由房价而引起的杠杆率问题。让我们首先看一下中国居民杠杆率的数据，从图 10.1 中我们可以看到，2008—2016 年，居民债务/GDP 在以比较快的速度攀升，因此大家担心杠杆率的问题是有道理的。

直观来看，我们首先关心的是高杠杆率会不会抑制我们的消费。我想大家直觉上会认为高杠杆率当然会抑制消费。但设想一下，如果大家刚毕业没多久，通过父母的力量付了首付，按揭买了房以后，客观上讲，我们工资的很大一部分要用于还房贷，那么必然用于消费的工资就少了。从这个意义上讲，杠杆率升高肯定会抑制我们的消费。

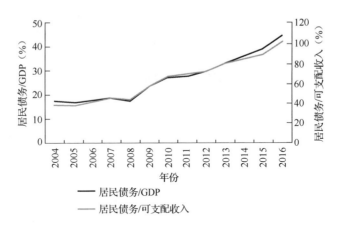

图 10.1 中国居民杠杆率水平不断攀升
资料来源：BIS、Wind 数据库。

但是最近几年，中国整体处在转型过程中，依靠投资拉动经济增长的边际效用在减弱，而消费的重要性在逐渐提升。如果现在我们的居民就开始透支，按照上述"高杠杆率会抑制消费"的逻辑，消费方面没有后劲，那么势必将对整个宏观经济产生影响。

居民加杠杆还会影响投资。居民的消费力被过早透支，就意味着居民在后续购买房产时会比较吃力。所以，事实上，居民部门杠杆率的状况关系到宏观经济中的两大动能：一个是消费，另一个是投资，特别是房地产投资。

如何看待居民加杠杆？首先要看居民的杠杆率究竟是高还是不高，杠杆率增长是快还是不快，然后才能得出一些结论。

国际上衡量杠杆率的指标通常为居民债务/GDP 或居民债务/可支配收入。从趋势上看，2014—2016 年杠杆率上升得比较快。但这种杠杆率的抬升速度和杠杆率的绝对水平，在一线、二线和三线、四线城市之间是有差异的。如图 10.2 所示，一线、二线城市的杠杆

10. 居民加杠杆的是与非

率在绝对水平和增速上已经明显高于三线、四线城市。因此如果有风险，风险会更加集中在一线、二线城市①。

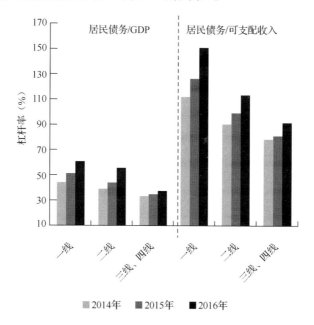

图 10.2　杠杆率的区域分布情况
资料来源：BIS、Wind 数据库。

杠杆率究竟高不高？从绝对值判断高低比较困难，只有通过国与国之间的比较，才可以知道目前中国杠杆率处在什么水平。尽管两个国家的情况很难完全一致，但是这种比较可以提供一些参考。

---

① 此处二线城市包括重庆、杭州、南京、武汉、成都、青岛、宁波、长沙、济南、厦门、长春、哈尔滨、太原、合肥、南昌等，其中天津、沈阳、大连、西安、福州、郑州 6 个二线城市数据未公布，用前 15 个城市的平均数估算。三线、四线城市指除一线、二线以外的所有城市。

图 10.3、图 10.4 分别通过计算居民债务/GDP 和居民债务/可支配收入得出居民杠杆率。从居民债务占 GDP 的比重而言，中国高于新兴市场国家，但是高得并多。和发达国家相比，特别是和发达国家顶峰时期相比，依然存在差距。美国居民杠杆率最高的时候恰恰是次贷危机爆发时。次贷危机爆发前，美国购房是零首付的，因此居民加了很高的杠杆。而日本居民杠杆率最高的时候是 20 世纪 90 年代左右，当时日本也遇到了危机。事实上，一旦有了危机，比如 20 世纪末的美国次贷危机，危机过后，杠杆率就会下降。如果没有遇到危机，至少从趋势上看，居民杠杆率似乎是一直上升的。

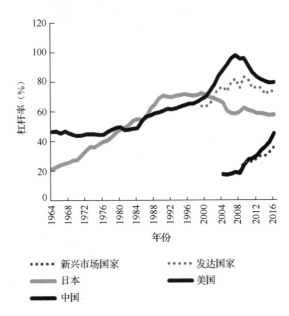

图 10.3 通过计算居民债务/GDP 得出居民杠杆率

资料来源：Wind 数据库。

10. 居民加杠杆的是与非

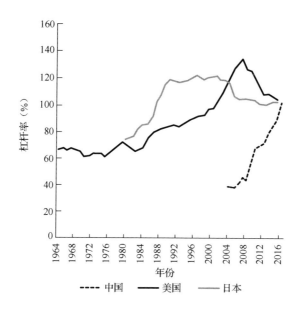

图 10.4　通过计算居民债务/可支配收入得出居民杠杆率

资料来源：Wind 数据库。

为什么会这样？可能的原因是人们"不见棺材不落泪"的心态。在没有遇到危机的时候，居民的负债被认为是可持续的，但事实上危机什么时候发生并没有人知道。

我们选取的另一个指标是：居民债务/可支配收入，由于全球性的数据不易获取，我们只寻找了中国、日本和美国的数据。在图 10.4 中，虚线代表中国，这条线上升速度非常快，在 2016 年已经接近美国和日本的水平。但与美国、日本最高水平，即发生危机时的水平相比，还有一段差距。

杠杆率增速上升是否会抑制消费

大家担心的是，当居民杠杆率过高，老百姓大量透支买房以后，很可能抑制当期消费。这是大家的直觉，下面我们通过数据来进行检验。

无论采用中国数据还是采用美国数据，都可以得到结论：居民可支配收入和居民消费支出存在十分紧密的正相关关系。

美国的数据或许更有说服力。从20世纪50年代一直到2016年，通过数据可以发现，美国居民的消费和收入是息息相关。中国没有那么长时间的统计数据，但是从最近十几年的数据也可以看出，两者的升降趋势也大致相同。

这样的正相关关系该如何解释？在凯恩斯经济学中，居民消费函数中，其实最重要的变量是GDP或可支配收入，因为只有有了收入，居民才可以消费。在凯恩斯经济学中还有一个影响消费的变量：边际消费倾向。边际消费倾向总体而言是相对稳定的，所以从这个意义上来讲，消费更大程度上是由可支配收入决定的。

事实上我还做了更多的实证研究，研究表明，可支配收入、杠杆率对消费都有解释能力，但是可支配收入的解释能力是绝对性的、是主导性的。

高居民杠杆率产生的影响

从根本上而言，杠杆率的上升，或者居民加杠杆对消费的影响同时存在两种效应。第一种效应是我们担心的所谓的挤出效应：杠杆率上升之后，如果每个月需要还贷款，消费当然会被抑制。第二种效应是收入效应：居民杠杆率的抬升，促进了房地产产业的繁荣，拉动了投资，从而拉动了整个经济。拉动经济之后，GDP就得到了更高的增长，随之带来人均GDP的增长，人均GDP的增长又意味着人均可支配收入的增加。因此，从这个意义上来说，杠杆率上升可能同时引致挤出效应和收入效应。

但是杠杆率的上升是有边界的，应加一个限制语，叫作"一定程度的杠杆率上升"。当居民的杠杆率上升到顶端，则会引发危机，这对整个经济、对消费的影响一定是负面的。这时挤出效应远远大于收入效应。但是如果居民的杠杆率并未到达极端，那么这时收入效应大于挤出效应。

另一个需要探索的问题是：居民杠杆率为什么会加得那么快？换言之，影响居民杠杆率的因素是什么？实际上，和企业的杠杆率、政府的杠杆率一样，居民的杠杆率也与融资条件密切相关。

1. 短期视角：短期利率影响居民杠杆率。

不管是消费行为还是投资行为，做决策之前，我们首先会考虑融资的情况，即有没有钱消费？有没有钱投资？或者说资金的数量可不可得？资金的价格合不合适？有了资金的数量、价格之后再考虑下一步微观主体的消费和投资。所以，融资条件的松与紧，对于信用扩张、杠杆扩张非常关键。

融资条件的宽松不是充分条件，而是必要条件，即融资条件宽松未必能够直接导致资产价格泡沫的生成以及杠杆率的上升。但是，杠杆率高或者资产泡沫高企时，融资条件一定相对比较宽松。比如，欧元区实行的是统一的货币政策，利率是完全一致的，但欧元区国家之间的房价差别还是很大，因为除了融资条件，还有其他的影响因素。

居民的杠杆率和其他杠杆率一样，影响其变动的一个很重要的因素是融资条件。每个人都会把现在的融资成本和未来可能的收益率进行比较。如果未来的收益率更高，现在的融资成本很低，那么人们当然会加杠杆。现在短期成本较高，人们加杠杆的速度就会下降。

2. 长期视角：城镇化进程促使居民加杠杆。

如果从长期的视角来看，居民的杠杆率与什么相关呢？我把居民杠杆率和一个更长期的指标——城镇化率放在一起比较，如图10.5、图10.6所示。无论中国还是美国两条线的变化趋势都是一致的。

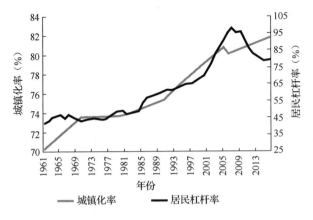

图 10.5 美国城镇化率与居民杠杆率

资料来源：BIS、World Bank。

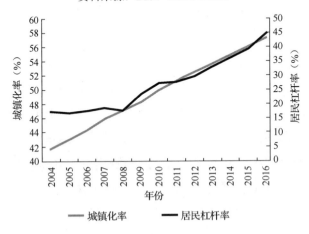

图 10.6 中国城镇化率与居民杠杆率

资料来源：BIS、World Bank。

10. 居民加杠杆的是与非

同时，我们还测算了城镇化率与居民杠杆率之间的因果关系。计算结果表明，城镇化是居民杠杆率上升的原因。举个例子，假设我们都住在农村，我们几乎不需要使用杠杆。但是一旦到了城市，城市一方面有非常发达的银行信用产品，另一方面购买房屋成为我们投资或者消费的一部分，为了让我们的一生效益最大化，我们可能更愿意提前通过支付首付、每月还款的按揭方式平滑这一生消费的幸福感，而在这个过程中我们不可避免地要用杠杆。

图 10.5、图 10.6 还传达了一些额外的信息。2013 年美国的城镇化率将近 80%，而中国的城镇化率大概只有 54%，差距还是非常大的。但我对未来中国经济并不悲观，因为中国经济客观上有内需的动能存在。换言之，如果我们相信这两张图以及因果检验，那么就意味着中国居民的杠杆率未来还会持续攀升。

3. 高杠杆率对经济的影响。

居民加杠杆对于消费的影响是把"双刃剑"。一定程度的杠杆率增速上升兼具挤出效应和收入效应。偿贷压力的增加会抑制消费，但也能拉动经济，带动消费。例如，房贷的增加会推动房地产行业的增长，从而刺激经济，增加居民收入，最终拉动消费。从各国实践来看，适度增加居民杠杆会对消费产生拉动而非抑制作用。

但一个国家的杠杆率很高，特别是企业杠杆率很高，对经济的影响一定是负面的。设想一下如果债务水平很高，那么大家稍微挣到一点钱就要赶快还本付息，为银行打工。而事实上，中国整体杠杆率，特别是企业部门的杠杆率仍然在不断攀升，而且攀升的绝对水平已经非常高。

金融去杠杆与货币收缩

加强金融监管、防范系统性金融风险被一再强调。2017年，一行三会着力于规范金融风险，抑制金融杠杆的增加。这样，货币市场利率也在监管的作用下系统性地抬升。由于利率系统性地抬升，债就发得更少了，推迟发债或者取消发债的比例在明显增加。

改革开放以来，这是我们第一次发现信用债融资额大幅度萎缩和下降，这与强化金融监管或去杠杆是有关系的。而贷款和债权融资成本却在上升，这与M2有关。2017年以前的三十多年中，M2与GDP的百分比一直是两位数，然而2017年M2与GDP的百分比却是个位数，而且已降到9以下，最低的时候为8.8。

从宏观意义上讲，M2统计的无非是居民存款和企业存款，再加一点现金M0，但是M0很小，所以大部分的M2是居民存款和企业存款。居民存款和企业存款如果反映在商业银行资产负债表的负债端，那么如果金融去杠杆抑制了商业银行资产端，也就抑制了商业银行的负债端。贷款派生存款，资产方受到抑制，负债方就会受到抑制，负债方受到抑制，整个M2就会受到抑制，表外表内都一样。

货币观经济

如果货币收缩，会不会对实体经济产生影响？货币是一个很有趣的东西，货币和经济之间存在这样的关系：货币似乎是经济前瞻性的指标，个体往往先考虑资金的情况，再进行消费和投资。从这个意义上讲，货币可能对未来的实体经济有一定的前瞻性作用。

中国的货币相对比较复杂。在西方，货币看利率、看美国银根是否收紧、看联邦基金利率就足够了。但是在中国除了看利率，还需要看货币数量、新增贷款等，因为中国很多微观主体、融资平台、国有企业对价格不是非常敏感。所以想抑制投资的冲动仅仅靠利率是不够的，还得靠限制规模。

除了价格和数量，还得看资金的另外一个指标：资金的对外价格，即汇率。假设国内利率不变，并且国内 M2 保持平稳，如果汇率贬值，汇率政策一定会收紧，而这意味着要增加出口来拉动经济。所以，在判别中国的融资条件和货币的松紧时，需要同时考虑利率、货币数量和汇率。首先看一下利率。2017 年，中国的实际 GDP 增速为 6.8%，而实际利率为 0，二者显然存在一个缺口。2017 年随着名义利率的上升，实际利率也有所抬升，总体而言利率是上升的。从这个角度看，中国利率不是太紧而是太松了。2017 年，由于融资成本太低，资金流向了存在资产泡沫的部门。这时候利率还很松，上涨动力依然存在，政府担心资产达到高位，只能依靠行政化限购。

货币数量为什么重要？若把货币数量和名义 GDP 放在一起比较，可以发现，货币数量和名义 GDP 之间的相关性很强。也就是说 $M·V=P·Y$，$P·Y$ 即名义 GDP，2017 年 M 和 $P·Y$ 的拟合度依然很好，拐点也对应得很好。只不过由于时滞，当期货币数量下降，并不意味着当期经济不好，而是意味着未来一段时间经济下行压力大。从这个意义上说货币数量很重要，而且对经济有前瞻性作用。

实际上，政府和老百姓更关心的是实际 GDP。货币一松，实际

GDP 就向上；货币紧则整个经济的趋势是向下的。

2015—2017 年，中国货币条件整体向上，即处于持续宽松的状态。2015 年以来，在货币领域发生了什么？2015 年四次降准、两次降息，2016 年第一季度房地产首付比例下调等，这些都是刺激性的货币政策，因此中国经济能保持韧性，虽然一直去产能，但到 2017 年中国经济还一直向上。为什么中国经济能保持韧性？按道理来讲，中国经济受到了供给侧结构性改革等的冲击，为什么经济仍然能够保持韧性？甚至 2017 年经济增速还在上升？原因好比让一个病人同时进食药丸和糖丸，他并不觉得药丸苦。供给侧结构性改革从宏观而言是没有"苦"感的，一方面外部有负向供给冲击，另一方面还有需求刺激，两者加在一起便不觉得"苦"了。但问题是，糖丸和药丸都在嘴里，哪个先溶化？如果糖丸先于药丸溶化，你会逐步感觉到苦，这可能是未来中国要面临的状况。

脱虚向实的困境

最后我结合货币、杠杆，谈一些结构性的问题。

在金融领域大家都谈金融去杠杆。金融去杠杆的实质是政府引导资金脱虚向实。最传统、最本源的商业银行运行是依靠杠杆的。商业银行自有资金很少，资金都是通过吸收存款而来的。商业银行传统的借贷模式是加杠杆的。因此金融去杠杆这个说法本身就是值得思考的。

10. 居民加杠杆的是与非

我们再来看防范系统性风险。怎么衡量金融系统性风险？要看哪些金融机构？最主要的是商业银行，如果商业银行没有风险，整个金融体系都是稳健的。怎么衡量商业银行的稳健程度？最重要的指标是不良率。但从2016年第四季度以来，商业银行不良率在不断下降。说来奇怪，金融系统性风险在减小，为什么大家还在热议去杠杆和防范系统性风险？个人认为这主要是因为2017年资金空转，资金整体在脱实向虚，所以需要加强金融监管。很多金融政策的实施，从某种意义上讲都是为了引导资金脱虚向实。这个目标能不能实现？如果能的话，以什么方式实现？

中国没有经历过这种状况，所以需要参考国际的经验，以日本为例。2017年前，中国信贷确实和20世纪90年代的日本一样出现了"狂飙"的态势，而2017年中国广义信贷占GDP的比重已非常接近日本泡沫时期的峰值。如果看信贷与GDP比值的缺口，中国甚至超过了日本。

在"狂飙"的背景下，中国和日本分别发生了什么？20世纪90年代前后，日本股票价格经历了剧烈调整，紧接着房地产价格也出现了急剧调整。与此同时，日本CPI总体还是相对稳定的。也就是说，日本当年确实出现了大量资金追逐资产价格，而不是追逐与CPI相关商品的情况。从这个意义上讲，日本也出现了"脱实向虚"。

日本和中国都是以银行信贷为主要融资方式的国家。日本虽然经过了20世纪90年代资产价格泡沫的破灭，但是即使在泡沫破灭之后，制造业占整个信贷资源的比例依然在不断减小。从这个意义上讲，资金"脱虚"之后，未必能"向实"。

中国的情况与日本比较相似，过去10年经历了多次房地产调控，然而不管怎么调控，制造业贷款占信贷的比值依然在持续下降。所以"脱虚"未必能"向实"。而且即使能够"脱虚"，由于商业银行资产负债表收缩，整个货币总量压缩，整个融资总量也会收缩，而制造业融资结构还在不断恶化，这对制造业而言堪称雪上加霜。

为什么"脱虚"之后未必能向实？这个问题可以留给大家去思考，我想每个人都会有自己的答案。

第四部分

投资的逻辑

11. 理解固定收益投研体系

李奇霖
红塔证券研究所副所长、首席经济学家

我谈谈我对固定收益市场的一些理解，其中肯定有很多地方是有待完善的。

这次分享的内容可以分为三个部分：第一部分是传统的债券市场研究框架；第二部分是引入同业以后的债券市场研究框架；第三部分介绍资管新规带来的挑战。

传统的债券市场研究框架

首先，我们来看 10 年期国债到期收益率和 CPI 当月同比的走势图（如图 11.1 所示），二者基本上是正相关的。为什么会有这样的正相关关系？原因其实很好理解，比如物价上涨 3%，如果票息才上涨 2% 就意味着投资国债是赔钱的，意味着实际利率是负的，因而人们必然会要求更高的收益率。因此，CPI 越高则投资者要求的收益率就越高，加上可能紧缩的货币政策，CPI 当月同比与 10 年期国债到期收益率之间的正相关关系被进一步加强。

11. 理解固定收益投研体系

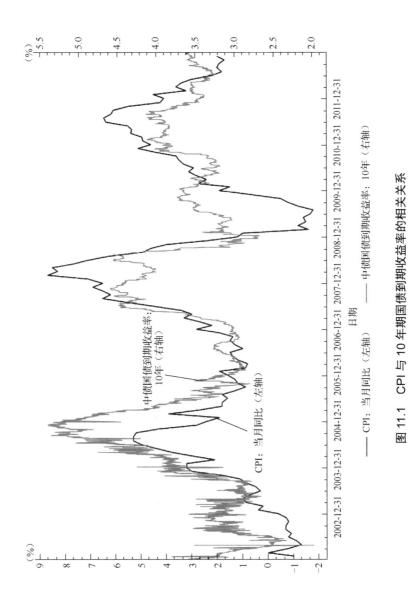

图 11.1 CPI 与 10 年期国债到期收益率的相关关系

资料来源：Wind 数据库，www.chinabond.com.cn

2013年之前两者的相关性很强，2013年以后有所弱化，我们在后文中会分析其中的原因。但CPI是一个同步指标，同步指标的缺点是指标变化的时候，市场也在变化，因此指标不能提供预判的价值。比如，当认为CPI同比要上涨时，市场可能已经下跌了，这对于投资的指导意义不是很强。

更有意义的是，通过领先指标判断收益率的拐点。在2012年以前，金融数据（如金融机构各项贷款余额）领先收益率大概一季度，金融数据是领先指标而不是同步指标，给预判留出了空间（如图11.2所示）。

下面我们来分析金融数据为什么存在这样的领先性，以及金融数据是如何影响债券市场的。

信用派生的简单原理

2008年推出了"4万亿计划"，以基建托底，从而刺激经济复苏。在此之后，信贷与GDP的比值持续上升。其操作模式很简单，就是通过土地抵押融资。比如地方政府想修一条地铁，可以先把土地抵押给银行获得信贷，获得资金后让城投公司修建。地铁修好以后带动沿线的房价和地价上涨，地方政府获得土地的增值收益，不但可以偿还债务，甚至可以循环抵押，用于修建城市广场等（如图11.3所示）。

这种建设模式就是土地抵押融资，而其得以维持的核心是房价上涨。因此，我个人认为，房价平稳可能是最好的结果，如果房价出现大幅度下跌，有些地方政府可能会面临融资困境，因为土地这

11. 理解固定收益投研体系

种抵押物没有原来那么值钱了，银行会变得更加谨慎。

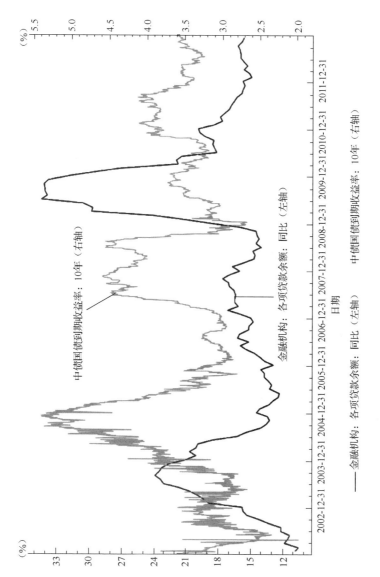

图 11.2 10 年期国债到期收益率与金融数据的相关关系

资料来源：Wind 数据库，www.chinabond.com.cn

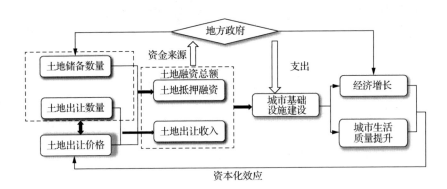

图 11.3　地方政府土地抵押贷款模式

在进一步理解这种模式对债券市场的影响之前,我先从债券的视角给大家介绍一下信用派生的过程。

假设商业银行资产端初始时有 100 元现金,来源于中国人民银行的借款,即所谓的基础货币。如果此时土地抵押融资模式开始,比如以土地为抵押物,向银行借钱搞基建,那么银行资产端的 100 元现金就会变成 100 元贷款。在没有资本外流和现金漏损的情况下,这 100 元贷款又会被存到银行中,形成存款。

假定法定存款准备金率为 20%,银行拿到这 100 元后需要缴准 20 元,剩下的 80 元可以用于拆借、配债或者放贷。如果实体融资需求强,这 80 元将全部用于贷款。在信用能够持续的情况下,下一次贷款又信用创造了 64 元,如此循环,贷款额最终会趋向于 0。

由此可以看出,实体经济在融资需求变强的时候,会对银行间市场配债和拆借有稀释效应。因为超额存款准备金被不断转化为法定存款准备金,配债资金被冻结了,银行没有了配债或拆借的资金,债券市场的需求也基本消失了。理论上讲,如果超额存款准备金一直被消耗到 0，那么利率可能会飙升到非常高的水平。

以上是从资金供给端进行的分析，资金需求端也有同样的效应。对一家银行来说，贷款是长期的，不可能随时抽贷，但存款却是不稳定的，随时可能被提取。当银行面临平头寸的压力时，就需要向其他机构拆借。也就是说，从需求端的角度看，融资需求越大，银行间市场资金面就会越紧，同业市场的压力也会越大。

这里需要注意的是，实体经济流动性与银行间市场流动性并不一样，不能混为一谈，最典型的例子就是"钱荒"——2013 年，银行间同业拆借加权利率快速上升，但是金融机构人民币贷款加权平均利率并没有发生明显变化。（如图 11.4 所示）

发生"钱荒"的原因在于实体经济融资需求过强，地方政府借钱时对高成本耐性较高，能够不断通过城投加杠杆融资来发展经济，但银行贷款的额度有限，不能持续为其供血，所以后期银行通过非标的形式来为它融资。但这样银行自己的资金压力也会很大，资金面一直紧绷着。到 2013 年 6 月，银行期末考核、美联储释放退出 QE 的信号、中国人民银行出于防控非标风险考虑采取较谨慎的货币政策等因素在短时间内相继出现，紧绷着的资金面开始出现问题，然后就发生了"钱荒"。

但要注意，当时实体经济的融资成本并没有发生很大变化，说明实体经济当时并不缺乏流动性。

所以从 2013 年的"钱荒"可以很明显地看出，实体经济流动性与银行间市场的流动性是完全不一样的概念，影响银行间市场流动性的核心因素是基础货币。

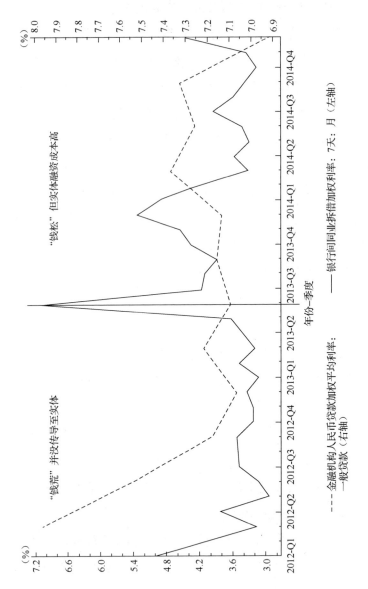

图11.4 实体经济流动性与银行间流动性比较

资料来源：Wind 数据库

同样，我们也经常听到有人说"央行放水导致房价上涨"。这种说法其实只说对了一半，"央行放水"只能导致利率下降。为什么大家都去借钱"炒"房，而不是做其他事？宽松的货币政策，在其中只起到了一定的促进作用，而不是主导作用。

2014年后，实体经济和银行间市场的利率变化趋势仍然相反，但这时实体融资成本在上升，而银行间市场却非常宽松。这是因为2014年之后发生了两个新变化。第一个是2013年持续的高利率冲击地产，土地抵押融资的模式难以为继，实体的融资需求下降；第二个是2014年地方融资需求受到抑制，信用派生减弱。

由于经济下行压力，银行自身对实体放贷也变得谨慎起来。信用派生机制弱化，实体拿不到钱，自然觉得融资难。相应地，银行间市场也就变得宽裕了。

产能周期与市场规律

基建和房地产投资是制造业投资的领先指标，因为这两者是制造业主要的需求来源。目前在中国制造业内部，重化工业占比过半。基建和地产投资的变化，通常也会带动制造业投资的变化，使制造业产能跟随需求周期性波动。

经济面临下行压力时，宽松的政策能帮助地产、基建投资企稳，从而带动中上游企业去库存。这些企业的现金流和预期好转，则会主动补库存来迎合需求。现有产能不足时，扩大资本开支，能够帮助制造业投资企稳复苏。总需求扩大，物价上涨，债务风险压力凸显，这时政策会逐步收紧，基建、地产以及经济总需求下行，前期投资的产能过剩，库存被动上升，物价下行，债务风险累积，倒逼政策重新放松。

但要注意的是，在这个周期中，从政策宽松到实体企稳存在时滞。基建、房地产投资见底的时候，经济可能只是弱复苏，制造业企业接收的信号是不确定的，投资并没有紧跟着起来。这种时滞，是债券收益率没有紧随经济企稳而上升的重要原因。由于制造业投资中重工业比重较大，重工业又是资金依赖型，一旦制造业投资企稳回升，债券市场将面临融资需求旺盛和政策收紧的双重压力。

历史数据显示，制造业固定资产投资完成额与 10 年期国债到期收益率的正相关关系非常明显（如图 11.5 所示）。虽然从中长期视角看，制造业投资增速是下行的，但只要它反弹一点点，债市就不容乐观。

与以往相比，2017 年的这一轮周期的不同之处在于受供给侧结构性改革、环保等因素的影响，多数行业的市场份额向大企业集中，龙头企业的现金流比一般企业好很多。

2017 年开始，市场上关于新周期的讨论开始增多。我个人对此持谨慎态度，我认为这轮周期与之前的相比，即使行业集中度更高，也并没有发生实质性的变化。

根据对不少企业的调研，我们认为制造业企业预期仍然比较悲观。有理由认为 2016 年房地产、基建企稳只是短周期现象，需求难以持续，没有扩大产能的动力。不少企业赚到钱后优先偿还债务，还有些企业购买理财产品，有些企业甚至会购买所在行业龙头企业的股票。

11. 理解固定收益投研体系

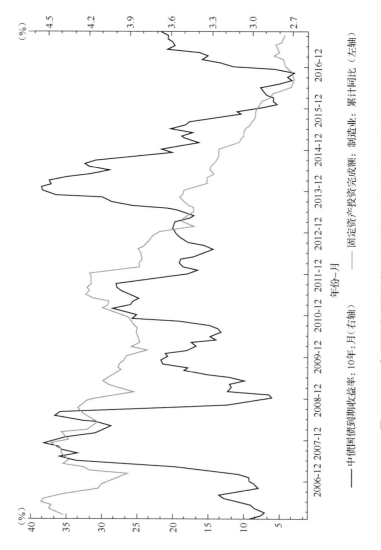

图 11.5 10年期国债到期收益率与制造业投资的相关关系

资料来源：Wind 数据库。

制造业内部投资需求与利润改善之间也存在错位。分行业看，制造业中投资企稳的企业集中在下游，比如高端设备制造业，但是价格上涨、利润改善明显的都在上游。而下游行业投资扩产时，需要上游原材料，上游涨价会给下游行业带来成本压力，在终端需求不强的情况下，下游行业成本转移的能力有限。从几个龙头建筑企业的报表看，因为原材料越来越贵，经营性现金流压力上升。所以，上游对下游的挤压还是很明显的。

我认为未来产业可以通过兼并重组，迈向中高端。根据发达国家的经验，在行业成本上升时，横向和纵向兼并重组会加快。横向兼并指将多个小企业合并成大企业，从而提高其议价能力。纵向兼并指产业链上下的整合，比如煤电一体化。日本在20世纪的石油危机中，其制造业无论是企业数量还是从业人数均出现了下降，企业的产品相对来说更加精细，原材料成本上升导致企业增加了技术投入。

这意味着，未来将是存量经济博弈的时代，甚至是减量经济博弈的时代。对企业来说，理性的选择是提高产品技术含量，把产品做得精细化、品牌化。只有这样才能把上游的涨价转移到下游，转移到消费端。过去是拼增量、拼规模的时代，而未来一定是拼精细化的时代。

企业产能扩张放缓，但研发支出占比上升，对债券市场来说是非常重要的。大部分发达国家利率水平较低，而新兴市场国家的债券收益率相对更高，因为新兴市场国家的融资需求相对要强一些。中国产业正在从低端迈向中高端的过程中，企业一定会扩大研发支出，而不是增加占用大量资本的固定资产投资，债券市场也会因此而受益。

过去，中国的债券市场之所以"熊长牛短"，是因为过去我们的产业是以重化工业为主的，地方存在预算软约束问题，融资需求是刚性的，货币政策短期收紧很难抑制住融资，需要维持漫长的紧缩趋势。

再看期限利差。期限利差指长端收益率减去短端收益率，可以分为牛平、牛陡、熊平和熊陡四类（如图 11.6 所示）。

所谓牛平，指长端利率比短端利率下降得更快，意味着投资者对未来经济很悲观。所以牛平往往出现在经济衰退、主动去库存的时期。

牛陡，即短端利率下降快，而长端利率下降慢，这样就会出现长短端利差扩大的情况。牛陡一般意味着经济复苏，企业被动去库存。

熊平，就是短端利率在上升，长端利率也在上升，但是长端利率上升得没有那么快。熊平往往出现在经济滞胀、企业被动补库存时期。此时债券市场是熊市，利差是平的。

熊陡，指长端利率比短端利率上升得更快。熊陡时经济过热，企业主动补库存。

2013 年之前，经济基本面对债券市场的影响比较明显。但在 2013 年之后，随着货币政策工具的丰富，货币政策对债券市场的影响越来越明显，基本面因素对债券市场的解释力度有所弱化。

资金面分析

接下来介绍一下资金面分析的五因素法。

基础货币=发行货币+准备金。

发行货币分为商业银行库存现金和流通中的现金，其中占比最

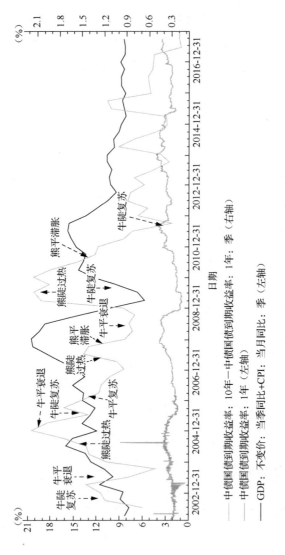

图 11.6　10 年期国债减 1 年期国债收益率期限利差变化情况

资料来源：Wind 数据库，www.chinabond.com.cn

大的是流通中的现金，也就是所谓的M0，占比高达90%左右，因此我们可以近似地用流通中的现金代表发行货币。准备金分为法定存款准备金和超额存款准备金。我们都知道，M0通俗地说就是大家钱包里的钱，而法定存款准备金缴存在中国人民银行，是不能随意挪动的。也就是说，基础货币中只有超额存款准备金才能形成银行间市场真正的资金供给。

我们改写一下上述公式：

超额存款准备金=基础货币-M0-法定存款准备金。

基础货币在货币当局的资产负债表里负债端"储备货币"一项。根据资产负债匹配的规律，扣除绝对额占比较小和月度变化不大的几项，基础货币的变动大小主要由外汇占款、对其他存款性公司债权和财政存款决定。因此，从资金供给端的角度来讲，超额存款准备金可以由以下几个因素决定。

第一个因素是M0。M0大多数时间不会发生变化，只有在春节期间，全社会取现压力集中体现时，M0才会出现异常增加。中国人民银行在春节之前往往会通过公开市场操作，如临时降准、长期逆回购等工具投放流动性，缓解商业银行节前流动性备付压力。在春节之后，M0往往又会回到银行，中国人民银行也会因此收回之前的投放。

第二个因素是法定存款准备金补退款。法定存款准备金等于法定存款准备金率乘以一般性存款。从法定存款准备金率的角度看，法定存款准备金率上升，自然会导致更多的超额存款准备金转变为法定存款准备金，对流动性有冻结作用。银行上缴法定存款准备金的时点一般是每个月的 5 日、15 日和 25 日，对应的存款基数是上个月月末以及当月 10 日和 20 日的存款差值，多退少补。比如，7 月 5 日上缴的存款准备金基数是 6 月 20 日到 6 月 30 日这段时间的存款变化额。但大家通常会在月末的时候存款，因此这时就需要补缴法定存款准备金。季末后一个月的 5 日资金面有时比较紧，大概率是因为法定存款准备金上缴的压力。

第三个因素是外汇占款。过去，尤其是 2008 年金融危机以前，中国长期处于经常和资本账户双顺差的状态。并且，在 2012 年以前实行强制结售汇制度。所以，在相当长一段时间内，外汇占款都是基础货币最主要的供给。但随着资本账户流出不断增多且与经常账户顺差相抵消，强制结售汇制度被取消，人民币单边升值预期被打破，人民币汇率越来越市场化。外汇占款虽然绝对量占比还是很高，但从增量角度来讲，已不再是基础货币的主要供应渠道。从观测的角度看，可以通过人民币远期汇率拟合的升贬值预期来大致模拟外汇占款的变动。

第四个因素是对其他存款性公司债权。2014 年之后，对其他存款性公司债权余额快速增长，从 2014 年 2 月的 1.3 万亿元飙升到 2017 年 11 月的 10.1 亿元，不到 4 年时间增加了近 7 倍。如此大规模的扩张，是由于前面提到的外汇占款趋势性下降之后，中国人民银行在公开市场通过创新操作工具、加大投放频率，维持了基础货币的合理增长。

伴随着外汇占款余额波动减小，对其他存款性公司债权这一项对资金面的影响越来越大。而相比其他基础货币投放渠道，中国人民银行通过此项投放基础货币的主动性更强。因此，中国人民银行的公开市场操作对流动性的影响越来越明显，也越来越具有主动性。我们也经常看到，中国人民银行参考缴税、财政存款投放等因素，进行公开市场操作，"削峰填谷"，维持资金面的紧平衡。

第五个因素是财政存款。财政存款上缴，通常在每年1月、4月、5月、7月、10月的20日左右，而在季末，财政资金是投放的，因此这几个时点很关键。最近几年财政存款的波动幅度非常大，经常扰动资金面。此外，由于国库资金里没有收益，一部分资金被闲置，所以有时中国人民银行会开启国库定存招标，通过招标的方式，投放一笔钱，让闲置在国库的钱能够获得一些收益。

当然，上述五个因素只是从资金供给端的角度去分析的。如果仅仅是资金供给端就能够决定资金面的问题，那么我们会看到超额存款准备金率与资金利率呈现完全反向的关系，但事实并非如此。因此，还需要引入资金需求端的因素。这些包括季末因素、监管因素、信贷投放因素、市场杠杆因素等。但不管如何，总体上可以通过排除法分析资金面，进而找出影响资金面最核心的因素。

引入同业的债券市场研究框架

以上是传统债券市场的研究框架。但2013年以后，随着银行同业业务（简称"同业"）的大规模发展，债券市场的研究框架很难进一步解释现实，需要进行修改，将同业纳入其中。下面我们就从同业快速发展的起源说起，将新框架应用于2017年的市场，对2017年市场的变化做出解释。

同业发展的前提：货币投放工具的改变

首先要强调一点，同业快速发展的根源在于货币投放工具的改变。

2013年以后，由于人民币贬值、出口下滑、资本外流，外汇占款出现了快速下降。这一方面影响了银行的存款派生（加上存款脱媒，银行存款成本不断增加）；另一方面也使银行间市场的流动性缺失，从而促使中国人民银行利用公开市场操作投放流动性进行对冲。

以前可动用的公开市场操作的工具很少，只有正回购、逆回购。后来由于要逐渐常态化公开市场操作，以补充外汇占款持续下滑所造成的流动性缺口，同时支持实体经济，平衡稳增长和调结构，于是中国人民银行在2013年左右新创设了SLO（Short-term Liquidity Operations，短期流动性调节因素）、SLF、MLF和PSL（Pledged Supplementary Lending，抵押补充贷款）等工具。

这些新工具的出现促进了货币政策的转型。利用这些工具中国人民银行不仅在量的控制上更为自如，不至于出现一次性降准大水漫灌的现象，同时在价的掌握上，也有了一定的主动权，比如可以通过调整OMO/MLF的利率来引导市场利率的变化。

但问题是，中国人民银行的公开市场操作只能给一级交易商，也就是二十多家大银行，中小银行想要获取流动性不得不依靠同业。这也就为后面同业的扩张埋下了种子。

同业发展的优势

对于银行来说，发展同业业务也有很多好处。概括来说有以下七点。

第一，无须缴准。在银行获得资金的主要渠道中，存款是需要缴纳准备金的，而同业存款则无须缴准，资金使用效率更高。

第二，节约资本金。对银行来说，通过同业渠道发放的贷款资本占用减少，比较典型的例子是2014年以前的三方协议模式。

第三，能够向更多企业发放贷款。银保监会对于向开发商、融资平台、产能过剩行业发放贷款都有相应规定，但是对于多数银行，尤其是城商行与农商行而言，上述几种机构都是大客户。通过同业的渠道，银行可以由表外发放贷款。

第四，信贷额度增多。假如中国人民银行规定某银行只有10亿元的贷款额度，但客户有20亿元的贷款需求，银行可以通过同业创新等方式满足客户需求，增加客户的忠实度。

第五，免受同业负债比例的限制。银保监会规定，同业负债不能超过总负债的1/3，但之前同业存单是无须纳入同业负债考核的，这也成为2014—2016年同业发展的引擎。

第六，实现跨地域筹集资金。对城商行和农商行而言，发展分行非常困难——成本高，而且不能跨地区经营。但在北京、上海建立同业中心，这些银行便可以从多家银行获得同业资金，从而实现规模扩张。

第七，违约概率小。同业业务几乎是刚性兑付的。在实体经济下行时，信贷、债权的违约率提高，银行投资实体经济可能面临坏账的风险。但是在同业业务中，银行等机构出于维护声誉等的考虑，一般会保证刚兑。

同业存单配置：从商业银行到广义基金

尽管商业银行发展同业有如此多的好处，但在 2017 年以前，原银监会与中国人民银行对银行的同业业务管控较为严格。除了被列入应付债券项目的同业存单，银行扩张同业项目并没有太大的空间。

同业存单的主要发行方是股份制银行和中小银行，而持有机构主要包括两类。第一类是大型商业银行，它们是一级交易商，能够从中国人民银行获得便宜的资金，用于购买利率较高的存单，从而达到套利的目的。第二类是产品户，比如货币基金、券商资管、信托集合，以及银行理财产品等，它们都是非法人账户。

2017 年以来，商业银行的同业存单配置力度在不断减弱。一是因为货币政策中性偏紧，公开市场余额的加权利率不断上行，释放去杠杆信号，抑制套利空间。二是因为市场利率水平与存款基准利率的息差进一步加大，存款脱媒比以往更加严重。简单来说就是"拉不到存款"。三是因为信贷需求依然比较强，挤压了商业银行的配置空间。四是因为大量地方债占用了商业银行的资金。

与此同时，广义基金的配置力度却在增强（如图 11.7 所示）。金融脱媒，大量存款转向广义基金是主要原因。当资金从低成本的银行表内转为高成本的广义基金后,市场的结构与配置行为就会发生较大的变化。

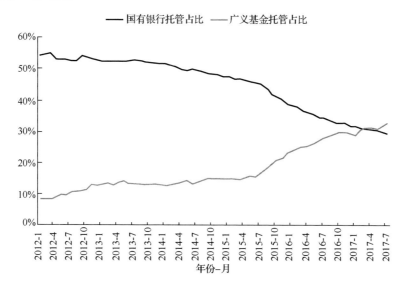

图 11.7 市场配置力量转向广义基金

来源:Wind 数据库。

如果是存款,配国债的收益率绰绰有余;如果是理财,因为成本高,只能配高息的信用债(当市场不好,需要采用防守策略时,存单也是不错的选择)和一些流动性好的利率债来获得资本利得。但这会产生一个问题:金融市场的波动会变得非常大,因为负债端的成本升高了,资产端就需要取得更高的收益来覆盖成本,因而必须采取更为冒险的投资策略。

那么为什么广义基金的负债端会面临高成本的压力呢?一是因为随着利率市场化,选择银行进行理财时,其收益率在刚兑背景下的风险溢价不显著,面对差不多类型的银行,买方会选择收益率高产品。二是因为机构的负债端竞争过于激烈，而且是资金池运作，其特点是不在乎资产端的收益，只争取资金而不考虑市场回报率。三是因为维护声誉、排名与内外考核的压力，银行需要"冲"规模，不得不通过提高负债端给投资者的收益率来增强吸引力。

为了维持既定利润，高负债成本必然要求匹配高收益资产，高收益资产又如何实现呢？无非是加杠杆、加错配、加风险敞口、博资本利得，也就是我之前提到的更为冒险的策略。这种冒险激进的策略会让金融市场的风险被放大。所以要防风险，就必须降成本，而监管层也十分清楚这一点，监管层通过颁布一系列文件，来降低机构负债端的收益率。

债市调整的流动性风险

流动性风险是 2017 年债券市场调整的主旋律。2017 年债券市场出现了两次大幅度的调整，一次是第二季度，另一次是第四季度。资管新规出台前，同业存单投理财—理财投委外—委外投债券（或理财直接投债券）是同业套利的主要模式。

2017 年第二季度"三三四十"专项管理文件出台后，不少省联社在自查或现场检查时会将同业存单到同业理财的投资认定为违规。也就是说发行同业存单投理财的套利模式无法持续了，当理财到期后，后续也没有足量的存单资金来续接了。所以这时就不得不向其下游的委外机构索取流动性，赎回以前的委外。

这些券商资管、基金为了实现高收益普遍采取了高杠杆、期限错配和信用下沉的投资策略，资产端还有头寸，不可能顺利地给银行提供流动性。金融机构只能卖掉手中包括利率债、股票、货基、债基等在内的流动性好的资产来应急，但因为优质流动性资产可能恰好是其他机构的负债（比如货币基金），卖掉赎回的时候可能进一步导致市场整体的同业负债链条更紧，从而形成恶性循环。所以在监管要求下，市场出现了流动性风险。银行需要流动性时，金融机构不会考虑宏观、政策等因素，只会急迫地卖掉流动性好的资产。这也是在严监管环境下，金融市场容易出现股债双熊的重要原因，2017年第二季度便是很好的例证。

2017年第四季度时，监管部门出台了《关于规范金融机构资产管理业务的指导意见（征求意见稿）》，要求将过去的资金池模式全部改为以公允价值计量的净值型。这一举措使市场风险和机构风险得到了有效切割，防止市场风险传导至机构表内。此外，由于公允价值计量的净值法不存在刚兑，机构负债成本也得以降低。

但是这种做法也会对市场产生一些流动性冲击。一方面，理财产品的期限基本在1年以内，但投资获得回报基本需要3年甚至更长。资管新规过渡期结束后，会出现存量资产无法续接的局面，所以不得不提前处置流动性好的资产，比如折价卖出利率债，赎回公募债基货基、股票等流动性较好的资产。另一方面，近年来没有到期的债券或多或少都存在浮亏，缓冲期结束后其将转而进行净值化发行，债券浮亏或将体现在产品估值上。产品购买者是为了获得预期收益而购买产品的，当然不愿意估值降低，因此有可能提前赎回，进而使市场受到一定的冲击。

综上所述，2017年债券市场调整的主要原因其实是流动性冲击，而非经济基本面的改善。经济基本面的改善的确会增强监管部门的信心，但这一过程并不直接作用于市场。

委外扩张的前世今生

2015年以前，资产提供的回报率大体能够覆盖产品要求的收益率。以3年期AA+中票到期收益率和3个月理财预期收益率为参考基准，我们可以发现2015年之前前者更高，2015年以后出现了倒挂。在2015年以前，银行完全可以自己发行一个预期收益率为5%的理财产品，同时配置一个收益率为6%的3年期AA+的中票来获利。

2015年之后，业务模式出现了改变，资产规模取代资产收益成为更重要的衡量指标。在负债端高度竞争的条件下，资产端的收益率比负债端的成本下降得更快，出现了倒挂，致使银行理财陷入困境。还是以3年期AA+中票到期收益率和3个月理财预期收益率作为基准，当二者出现倒挂后，配置3年AA+的中票是亏损的，银行只能寻求更高票息的投资标的。要提高收益，只能从错配、杠杆、风险敞口和资本利得上做文章。

从错配上看，可以加资产久期，比如在债券内部类别中配置一些7年期的城投债，甚至一些永续债。

从杠杆上看，3年期AA+中票到期收益率低于3年期理财预期收益率，但与隔夜回购利率的利差仍然较大。由于银行交易员有限，要"滚隔夜"加杠杆心有余而力不足，所以需要借助券商、基金的力量，这是委外的一个基础。当然，这也导致资金面变得更为脆弱。

从风险敞口看，要增加风险敞口必然要求机构有风险定价的能力，即使是同一等级的品种，由于企业类型、行业产能利用情况不同，实际的资质差别也较大。而银行的理财部门从业人员无暇关注个券的资质，在高票息的吸引力下，会委托具有更高投研能力的基金公司和券商资管帮助其拿到更高票息的品种。

从资本利得来看，如果仅靠配置已无法盈利，那么有些机构就会通过对流动性好的利率债的低买高卖（或相反）来获利，这意味着机构投资策略的赌性在增强。流动性好的资产买盘更多，10 年期国开债与国债的收益率之差随之上升，7 年期国债与 10 年期国债的价差，以及 10 年期非国开债与 10 年期国开债的价差在这一时期也出现了相应的变化。但做资本利得需要能够把握住拐点，对市场的判断要足够准确，这就要求机构具有一定的投研能力，而银行又恰恰欠缺这种能力。

综合来看，委外的爆发其实就是因为交易能力和投研能力的重要性提升，银行自身又缺乏这些能力，或虽然有这些能力，但与规模不成比例，所以不得不进行委外，找外部券商资管和基金来帮助管理。

但是到了 2017 年，债券市场大幅下跌之后，非银机构的委外产品并没有表现得更具说服力，同业之间的纠纷开始增多，对非银产品的刚兑预期在某种程度上受到影响。不少稍具投研能力的城商行、农商行开始选择自主投资。并且同业监管趋严后，可用于投委外的资金也在下降。总体来看，委外份额集中在大行和部分刚开设理财业务的中小行。

资管新规带来的挑战

2018年4月27日《关于规范金融机构资产管理业务的指导意见》（资管新规）发布，标志着中国正式迎来统一监管的"大资管时代"。

资管新规改变了什么？

首先，资管新规强调"向上、向下穿透"，这对于非标的打击非常大。"向上穿透"指资管产品的投资范围、认购门槛要始终如一。过去可能会有认购起点为 5 万元的公募类产品购买私募产品（起购点自 100 万元起），然后用私募产品投资非标的情况。这种模式下，如果从私募产品向上穿透追溯至原始投资者，那么本质上就是投资者用 5 万元认购了私募产品。这是一种利用产品嵌套逃避监管要求的违规行为，在资管新规的监管框架下是禁止的。因此，来自公募部分用于投资非标的资金会受到压缩。

"向下穿透"指监管要穿透至底层资产。这是有关部门以前曾多次强调的，但一方面由于执行权归属于各地方监管机构，执行力度有所差异，有些地方可能没有严格执行；另一方面很多时候，金融机构会进行跨监管系统的业务合作——比如隶属于银保监会管辖的银行理财可能先投资证监会管辖的券商资管产品，然后再由券商资管产品投资信托，这让监管很难真正做到严格穿透，让此前政策的效果打了折扣。而资管新规要求不能进行两层以上的嵌套，也就杜绝了这种跨监管部门的合作，严格执行"向下穿透"的政策也变得相对容易，但非标投资的难度则进一步加大。

同时，资管新规禁止通过资金池或期限错配投资非标，也就是说如果投资一个 3 年期的非标，就必须发一个期限或开放期为 3 年以上的封闭式/开放式产品。但很少有人愿意投这么长期限的资管产品，非标类的产品资金会变得非常难募集，类似的产业基金和一些 PPP 项目也会面临相同的问题。

所以，这么看来以后非标的出路只有一条，即非标转标。要么通过北金所（北京金融资产交易所）、银登中心平台做流转，要么打包基础资产做公募 ABS。

其次，委外的模式也会发现新变化。一方面，委外的规模在逐渐缩小，后刚兑时代理财规模可能会缩小，银行自营做委外的量也会减少，因为在公允价值估值体系下，自营的委外不能按持有至到期计入，资本占用与亏损风险都在加大，今后通过委外赚钱的难度将进一步加大。另一方面，券商资管的利润可能会大幅收缩。以前银行理财通过利差赚钱，券商资管作为受托人除了收管理费外，还可以赚业绩报酬，但如果改为净值型产品，银行理财就只能通过管理费赚钱，券商作为下游只能分银行理财收到的管理费，利润空间被大幅压缩。

资管新规发布后，在委外这一部分，非银机构会更多以投顾的角色介入，而非传统的产品委外（即银行理财买资管产品）。这对于行业而言是一个进步。

再次，债券市场与股票市场也会有较大的波动。对债券市场而言，以前银行在高负债成本的压力下不得不买高票息的信用债，资管新规发布后，净值型产品无法刚兑，因此银行对信用债的依赖会相对减弱，但对流动性管理的要求远远超过此前配置信用债时的要求。银行对短融和超短融的需求会更大，信用债市场会出现"挤泡沫"的现象。

对股票市场而言，由于资管新规规定投资股票、债券等标准化资产超过50%的私募产品不得做分级，所以大部分分级产品都有清盘的风险。而银行也有一定的权益投资量，这些投资主要也是以分级的形式来进行的。银行会考虑如何退出，这会给股票市场带来一些压力。

最后，通道业务会被大幅压缩。通道业务很大程度上是为了绕过信贷额度限制、减少资本占用等因素而出现的。不管怎样，这种业务实际上是一种监管套利。资管新规中，一方面从原则上明确了资管产品不能帮助其他机构与产品规避监管、让渡管理责任；另一方面从具体举措上，明确禁止了多层嵌套、非标资金池与期限错配，对于通道的打击相当沉重。按照现有的监管执行力与速度，通道业务基本走到了"末路"。

后资管新规时代的转型方向

在后资管新规时代，各家机构都会面临较大的转型压力，方向在哪？怎么转型？这些很现实的问题摆在了各家资管机构的面前。我个人认为各家资管机构要把握以下几点。

第一，要明白严监管的趋势在短期内是不会变的，因此业务模式与思维要进行变革。

过去券商资管、信托与基金之所以能够快速扩张，是因为大量的中小行发行的理财是预期收益型的刚兑产品，有做收益的压力，而中小行又不具备投研和交易的能力,所以才在市场中寻找优质的同业资管产品。但是在资管新规下,这样的模式将不复存在。资管新规后,资管将更多依靠管理费而不是利差,套利空间已经不存在了。未来是一个"精耕细作"而不是"野蛮生长"的年代。从长期来看,行业会发展得越来越好,但短期来看会有很剧烈的"阵痛"。

第二,同业渠道受阻,要多渠道寻找资金。

资管新规直击表外业务的痛点,理财与自营委外资金缩量在所难免。随后出台的流动性管理新规《商业银行流动性风险管理办法》也打击了同业。在这个流动性管理新规中,有一个流动性匹配率的监管指标,该指标越大越好。在计算该指标分子时,银保监会赋予存款很高的权重、同业负债较低的权重,以此鼓励银行发展存款,抑制同业负债;而在分母端,贷款权重较低,货基、券商资管产品等同业金融资产权重较高,以此让银行减少对同业资管产品的投资,回归传统的存贷业务,从而支持实体。所以,在这些规定限制下,资管机构想继续扩张同业,会十分困难,最好考虑其他的渠道,寻找一些零售或对公资金。

第三,各家机构要找准自己的问题以及优势所在。

首先是银行资管。在资管新规的冲击下,中小行亟须提高投研能力和核心负债比重。然而,一方面,流动性趋紧,核心负债难以获得;另一方面,中小行多分布在较小的地级市,地域限制了优质人才引入。虽然部分中小行已经开高价引进了优质的基金经理、投资经理,但由于银行中投资经理的权限相对于非银机构很小,在银行层层报备的制度下,也难以发挥投资经理的核心作用,因此优质人才难以有效引入。

对此，我个人认为有以下几种方法可以考虑。一是高举高打。中小行在加强风控的基础上，寻求收益率高的资产，做大行不敢做的业务。大行既有更多的网点，又有更好的信用水平，与大行竞争，城商行只有做到更了解客户，才能赢得一席之地。对农商行而言，农商行的网点多布局在大行没有进入的区域，负债端压力相对小一些。在扶贫、棚改的背景下，农商行主要以服务当地的三农企业为主。二是负债线上化。中小行要重视科技与互联网的力量，升级内部系统与销售体系，向科技银行与直销银行转变，降低运营成本。三是，资管投行化。银行资管经过多年深耕，一方面已经在同业之间有了较广的人脉，与各家金融机构都有密切的业务往来；另一方面自身也拥有大量企业客户，它们具有融资的需求，但没有相应的牌照。银行资管不妨利用这两方面的优势，作为中间人，借助投行为当地银行的客户提供融资服务，做到真正的服务实体。

其次是券商资管。在委外、同业不断收缩的背景下，券商资管可以借助经纪业务部代销产品，转向发展零售业务。一方面，企业在对未来总需求不乐观的条件下，不愿意投资实体和扩大产能，而更愿意理财。另一方面，高企的房价使众多散户无法参与房地产市场。因此从需求端而言，本地散户和企业存在较大的市场空间，当然这背后肯定需要出色的投研管理能力作为支撑，否则产品没有好的收益率，零售端也很难打开市场。

再次是信托。信托传统的优势是融资类产品，利用资金池模式来投资非标资产。在资管新规下，混合类资金池中的非标资产到期后，只能慢慢转型为标准的固定收益类产品，但在固收类产品上，信托要获得优势地位是比较难的，因为信托很难显示出比较明显的竞争优势。所以，我个人认为信托未来的方向还是回归本源，以家族财富管理和慈善信托为主。

最后是公募基金。未来银行若设立自己的资管子公司，在渠道为王的时代，大行理财有可能会优先代销自己的产品，那么公募基金的竞争力在哪里？如果没有新的衍生品出现，拉开收益的档次，那么公募基金的业务很难开展。所以未来公募一定要找准自己的优势，以投研能力为核心，在产品设计上做创新，打造自身的品牌，从而在零售端建立声誉。

总之，后资管新规时代将是精耕细作的时代，以前跑马圈地、快速赚钱的时代已经过去了。

12. 债券市场研究与投资分析探讨

董德志
国信证券经济研究所宏观与固定收益首席分析师

资本市场中主要有股票和债券两大类资产。相比股票，债券在中国相对冷门。但这个相对冷门的资产其实是成熟资本市场中体量最大的品种。以美国为例，美国债券市场的容量非常大，参与者主要是机构投资者。因此，有必要了解中国债券市场现阶段的发展变化：中国债券市场经历了哪些重大变革？债券投资研究实践中需要哪些基本知识和方法？如何判断市场利率和期限利差的变化方向？

债券市场投资实践可以分为两个层次：交易员、研究员层次和投资经理层次。二者看问题的角度有所不同，前者关注市场，从微观层面考虑问题；后者关注的问题则偏宏观。下面的内容将涉及这两个层面的关注点。

中国债券市场的发展历程

债券市场现状

从价格指数看，中国债券长期回报率基本符合世界历史规律。

12. 债券市场研究与投资分析探讨

中国债券市场真正走入市场化定价的时间并不长。2000年左右，市场才出现标准化的定价，而相对准确的市场化利率数据则是从2002年开始才陆续被中央国债登记结算公司记录。2002—2017年，中债财富总指数的年化回报率为3.6%（如图12.1所示），CPI年化上涨幅度为2.5%，实际收益率（指数年化回报率减去通货膨胀率）约为1%。《投资收益百年史》（*A Century History of Investment Returns*）通过整理各国已有的数据，得出一个经验结论：长期债券的实际投资回报率基本为1%。由此看见，中国债券市场长期的实际回报率水平与世界其他国家一致。

图12.1 2002—2016年中国债券市场指数变化

数据来源：Wind数据库。

2002—2017年，中国10年期国债利率的主要波动区间为2.5%～4.6%，最高几乎达到5.5%，最低跌破2.5%，历史平均值为3.6%（如图12.2所示）。投资债券的人有一个惯性思维，认为利率波动符合均值回归模型，利率上行很多时候正是投资的机会，利率会向均值水平回归。这一惯性思维目前在中国依然存在，但利率变化本身是否真的具有这种均值回归的性质，还有待研究。至少在美国并没有这种均值回归特点，三十多年来美国债市利率一路下行。

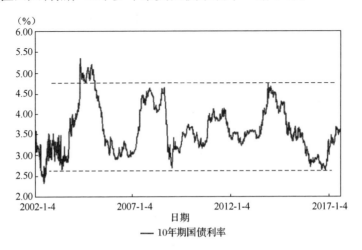

图 12.2　2002—2017 年中国 10 年期国债利率变化

数据来源：Wind 数据库。

从市场规模来看，中国债券市场的存量规模仍处于较低水平。2017 年，中国债券市场余额存量约为 71 万亿元（如图 12.3 所示），与名义 GDP 之比约为 100%。债券存量与名义 GDP 的比率是衡量债券市场发展程度的通用指标，比值越高表明市场发行状况越好。美国的这一指标约为 2，相比之下，中国债券市场仍有较大发展空间。

除市场规模以外，美国和中国债券市场的主要差异还在于债券品种结构和各品种规模。在债券品种结构方面，中国主要缺少通货膨胀挂钩债券（如图 12.4 所示）。在各类债券品种规模方面，中国债券规模以国债占比最大,企业债的规模相对美国较小。债券市场作为一个直接融资的主体市场,其功能应该是给企业提供融资。美国债券市场存量绝大多数是企业债。而中国企业债的发展大概从2008年美国次贷危机之后才开始。在4万亿元的刺激下,企业债的规模开始大幅提高,但是存量相对偏小。

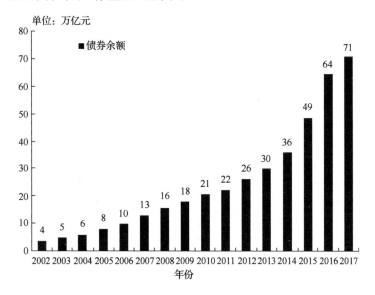

图 12.3　2002—2017 年中国债券存量规模

数据来源:Wind 数据库。

债券市场变革

1. 分析框架不断拓展。

市场实践让分析研究的思路与框架得到不断拓展。2008 年之前,中国债券市场是单因素驱动的,CPI 是重要指标。因为中国 GDP 增速在那一时期始终稳定在 10%以上,只有通胀周期在波动,所以通

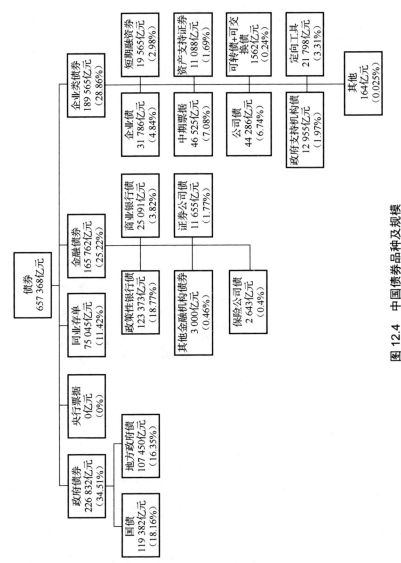

图12.4 中国债券品种及规模

注：由于四舍五入，可能存在误差。

数据来源：Wind数据库，截至2017年3月20日。

胀是驱动债券市场的单因素。2008年美国次贷危机以后，债券市场分析框架变为双轮驱动，既看通胀，也看经济增长。2013年出现"钱荒"，企业债务杠杆率备受关注，因此也被纳入债券市场分析框架之中。当时，中国通胀水平并不高，但出现了流动性紧缩，中国人民银行货币政策急剧收紧，引发了"钱荒"。中国人民银行之所以采用紧缩的货币政策，不是因为要治理通胀——当时通胀水平不高，也没有经济过热，而是因为企业债务杠杆率攀升过快。过多放贷没有推动经济增长，也没有推动物价回升，只是使企业债务结构变得更加脆弱，这使企业债务杠杆率不断攀升。面对高企的企业债务杠杆率、M2的加速走高，以及社会融资总量走高，中国人民银行采取紧缩控制。因此，企业债务杠杆率也被纳入利率的决定框架中。至此，债券市场分析框架变为三因素驱动（如图12.5所示）。此后每年都会有新的因素被考虑，比如与2015年汇改相关的汇率因素、2016年以

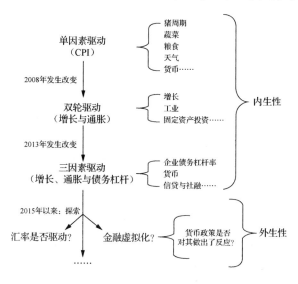

图12.5　债券市场分析框架变化

来的金融监管因素等。整个研究框架从理论上把利率的决定因素划分为内生性因素和外生性因素两种。内生性指利率的变化方向只与经济相关，与政策无关。外生性则强调政策变化对利率的影响。目前多数人认为，利率长期还是由内生性因素决定的，外生性因素在短期内会产生影响。

债券分析关注的指标越来越多。债券分析指标可分为四大类：基本面、政策面、货币资金面和技术面因素（如图12.6所示）。基本面因素包括经济增长、通货膨胀和金融货币指标。

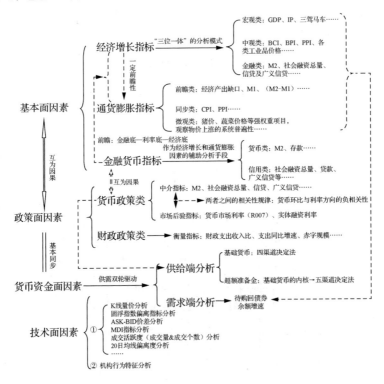

图 12.6　债券分析指标

政策面因素分析指分析财政政策和货币政策对整个利率曲线的影响。货币资金面是比较重要的分析层面，主要分为资金供给端和需求端两个部分。技术面因素分析在成熟的债券市场应用较多，在中国债券市场的机构投资判断中则属于小众的分析方法。

另外，各类投资逻辑也越发丰富。投资逻辑是支撑做空/做多投资行为的逻辑或理由。基金经理和投资经理比研究员更关注投资逻辑。投资逻辑层出不穷主要归功于各个卖方研究机构。卖方会想出各种各样披着新外衣的逻辑讲给投资者听，让投资者不至于因总是听一种逻辑而感到厌烦。这些逻辑通过事后的观察，有真有假。比如，根据供需价格理论，债券发行量增加，债券利率应该上行。这一听起来很顺畅的逻辑在2015年风靡了整个市场近半年时间，因为2015年开始，地方债置换，债券发行量增加。但事后回溯就会发现这个逻辑是假的，因为金融产品不存在供需矛盾，只有实物交易资产有供需矛盾，而金融的需求和供给都是虚拟的。

2. 交易品种与标的不断丰富。

在交易品种方面，中国债券市场发展有三大里程碑。第一个里程碑是2008—2009年，在"4万亿计划"的带动下，信用债市场发展壮大，发行量迅速增加。第二个里程碑是2013—2014年银行资管蓬勃发展，投资主体更加多元化。第三个里程碑是债券市场的开放趋势，未来将有越来越多的海外投资者参与中国债券市场投资。2017年，中国债券市场的海外投资者占比较小，投资占比只有2%左右。而像泰国等东南亚国家，只要债券市场开放，海外投资者占比能达到10%。从图12.7和图12.8可以看出，与美国相比，中国的资产图谱中收益中档且风险适中的债券品种存在空白。美国在中间档位

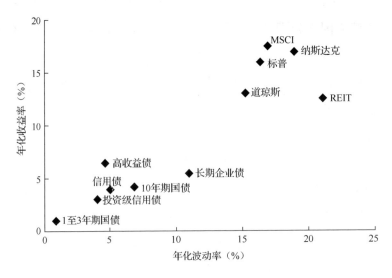

图 12.7　美国资产图谱

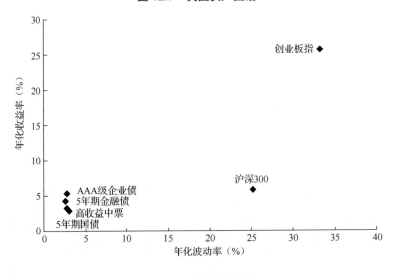

图 12.8　中国资产图谱

置则主要由高收益债和长期企业债来填补。而中国欠缺长期企业债，比如 10 年期以上的企业债。尽管中国一度采用非标资产来弥补资产图谱中间档的空白,但是非标资产不是标准化的资产,国家也限制其发展,所以中间档的资产就空缺了。这也是"资产荒"的本质,即相对资产是缺乏的。因此,中国债券市场的下一个里程碑应该是高收益债和长期企业债市场的兴起与发展。

3. 交易主体不断多元化,带动市场走向市值文化。

早期银行是债券的重要交易主体,2008年以后基金逐渐涌现,2013—2014年各个银行、证券公司设立资管公司,资管时代随之到来。其后,伴随着国债期货衍生品的出现,各类机构投资者开始相互融合。现在参与国债期货市场、进行利率衍生品交易的投资者,不再是单纯的债券投资者,还有来自大宗商品市场的投资者、交易员。因此,各类投资者、私募投资机构逐渐在市场中占有一席之地。在我看来,这种各类机构投资者的融合对市场是有利的。比如,债券市场传统投资者更关注市场的微观细节,这其实有些舍本逐末,因为真正引导趋势变化的是宏观上对通胀的看法、对增长的预期等。而商品投资者关注的正是大线条的、宏观的东西,所以这种融合对市场是有利的。此外,未来海外投资者也将逐渐进入中国债券市场。

4. 中介的出现令市场交易更为透明和顺畅。

债券和股票市场的交易模式不同,股票是背对背交易的,交易者在交易所下单,买卖双方彼此互不相识;债券市场的交易模式是批发交易模式,买卖双方直接与机构商量价格,在大批发市场这种模式更有效率。买卖信息通过电子化形式汇报到中介处,中介对供求自动匹配,解决了买卖双方可能存在的沟通不畅的问题。

分析员与交易员需要了解的指标体系

经济增长类指标框架

经济增长类指标是债券市场中最关键的一类指标。债券定价的核心逻辑是名义经济增长率与利率在变化方向上正相关。2002—2018年中国的名义经济增长率和利率月均值呈现明显的正相关关系（如图12.9所示）。但这并不意味着两者在变化幅度上线性相关。

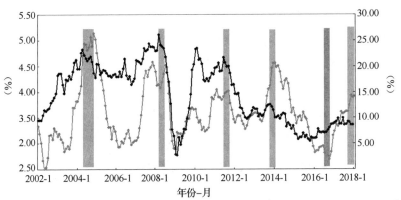

图12.9　名义经济增长率与利率呈正相关关系

数据来源：Wind数据库。

名义经济增长率与利率存在这种方向变化上的相关性的主要原因有两个：一是利率作为一种价格指标，由资金供给和融资需求共同决定，而经济增长率变化一定程度上反映融资需求变化，所以二者呈现正相关关系；二是工业企业利润回报率上升，利息也因此上升。金融业利息来源于工业企业的利润回报，而名义经济增长率的变化一定程度上反映工业企业 ROA（资产回报率）的变化。因此，利率对应与名义经济增长率同步回升或者回落。我个人更赞同后一个原因的逻辑。

名义经济增长率与利率存在的这种正相关关系使债券市场投资者、研究者特别关注宏观经济的变化。如果能够预测未来一段时间名义经济增长速度的变化方向，很大程度上就把握了利率的变化方向。但反映名义经济增长率的名义 GDP 是一个季度数据，不能高频地指导市场方向。因此，市场将其加工成月度经济数据，使其高频化。具体做法是，用工业增加值增速加上 CPI 增速衡量每个月名义经济增长率的变化方向（如图 12.10 所示）。可以用这一指标反映经济增长速度，是因为第二产业是影响实际 GDP 的核心部分。工业增加值代表实际经济增长的方向，可以近似代表实际 GDP 的走势，用 CPI 来衡量月度通胀情况。这一方法在 2016 年以前完全没有问题。但 2016 年供给侧结构性改革造成价格指标体系紊乱，CPI 和 PPI 两个价格指标不再同向变化，而是反向变化。这一反向变化使大家对通胀的判断失去了方向，再沿用以前的单纯用 CPI 来衡量通胀的方法就不够全面了，必须考虑 PPI 的影响。需要将 PPI 加入名义经济增长率的计算中来拟合 GDP 平减指数的变化（如图 12.11 所示）。在"工业增加值+CPI"的老方法下，2016 年以后名义经济增长率应该一直是横向的，这无法解释为什么 2016 年下半年利率开始向上波动。应用"工业增加值+$0.8\times$CPI+$0.2\times$PPI"的新方法后，可以看到，名义增长率在 2016 年下半年是回升的，其中通胀是推动名义经济增长率回升的主要因素。

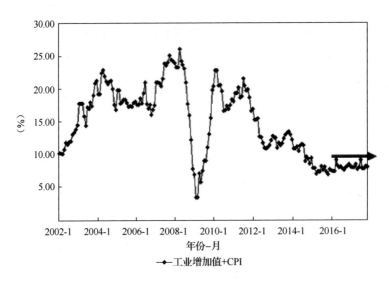

图 12.10 工业增加值+CPI

数据来源：Wind 数据库。

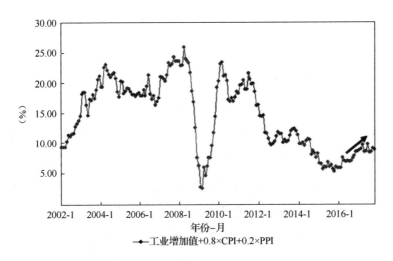

图 12.11 工业增加值+0.8×CPI+0.2×PPI

数据来源：Wind 数据库。

12. 债券市场研究与投资分析探讨

反映经济增长的指标很多，从需求角度看有"三驾马车"：投资、消费和外需，从产业角度看有第一产业、第二产业、第三产业，还有价格指标，此外金融数据变化也可以"一体两面"地反映实体经济变化。这些数据可能存在相悖的情况，如何综合评判经济增长？面对众多经济增长指标，选择用于评价经济增长对市场利率影响的指标的基本原则是：寻找资金消耗量最大的那部分经济数据的变化。从产业层面来看，第二产业对融资需求的影响最大，因此工业增加值比其他数据更为重要。从需求来看，固定资产投资对利率影响更大，相对于其他两驾"马车"更为重要。由此可以推断出，经济总量和经济结构都会对利率变化方向产生影响。

通货膨胀类指标框架

通货膨胀类指标是债券市场投资者非常熟悉的一套指标。通常，大家会把 CPI 进行拆分。CPI 在市场中一般被划分为两大项：一项是食品，占 20%，可继续拆分为蔬菜、猪肉等价格有规律的食品和价格无规律的食品；另一项是非食品，占 80%。CPI 可以被认为是中国经济数据指标中质量最高的数据之一。

通货膨胀类指标的研究大体有两个角度：一个是货币角度，另一个是生产缺口角度。货币学理论认为货币超发是物价上涨的根本原因。市场研究聚焦于 M1 拐点和 CPI 拐点出现时间点的相关性。从生产缺口的角度看，生产缺口的正、负对整体物价水平都会产生影响。但以上两个角度都是从逻辑上进行判断的，实证性和实用性较弱，CPI 和 PPI 的反向变化关系便是一个很好的例证。2016 年 CPI

和 PPI 呈现反向关系，违背了成本一定会传导的传统逻辑。仔细考虑成本传导的条件便可知，只有下游需求旺盛，或下游企业提价能力较强，才能实现成本传导。而中国的下游企业非常分散，且下游的需求还未上升，所以上游成本的增加无法体现在最终商品的价格水平上。由此可以看出，以上分析角度无法满足现在市场所要求的细节预测。要在技术上实现对 CPI 平均水平或实际拐点发生时间的预测可以通过即期性预测、历史平均环比迭代法进行。

货币资金面因素的分析逻辑

货币资金面因素分析的基本理论依据是供需曲线的相互位置变化会引起价格的变化，即利率的变化。在实践运用层面，资金供给主要考虑银行体系的超额准备金。影响银行体系超额准备金的因素主要有 5 个：M0 现金流动、法定存款准备金率、外汇占款、财政性存款和公开市场操作。超额准备金率越高代表银行对外融资的能力和意愿越强，对短期资金利率有下推作用。而外汇占款直接影响超额准备金率高低的变化，所以也备受关注。对于财政性存款，大家比较关注财政上缴。中国的财政上缴是有规律的，每年 1、4、7、10 月是财政上缴的旺季，而 12 月是财政集中投放的月份。公开市场操作则考虑每个月基础货币的吞吐量。M0 现金流动一般考虑春节期间，由于提款需求增加，中国人民银行会补充流动性，春节以后中国人民银行将前期投放的流动性收回，从而影响货币供给。

资金需求的变化主要由待购回债券余额增速衡量。简单来说，在债券市场融资，用债券做抵押贷款，押品库里的债券存量是融资量的侧面反映。在解释短期利率波动时，应同时考虑供给和需求两方面的变化情况。资金面分析应用较多的是货币市场基金，具体品种是几个月的短期流动性品种，即货币工具。

各类投资逻辑的梳理和辨析

名义经济增长率和利率的正相关关系是债券市场投研最核心的逻辑。2017年美国发生了加息和缩表，但长期国债利率仍从2.6%的最低水平回落到2.0%的水平。其背后的内生性原因就是CPI出现了明显走低。但名义经济增长率和利率并不是时刻正相关的，名义经济增长率和利率变化方向可能出现背离，且这种背离一般出现在熊市的尾端，也就是利率上行的末期，时间跨度在3个月左右。

一个可能的解释是政策的滞后性。资本面的变化最快，具有先导性，而政策反应需要时间，因此会对市场产生短期干扰。中央银行的操作很难具备前瞻性，能够相对紧密地跟上资本面已属不易，所以这样的背离总会发生。

另一种解释是金融流动性，即贷款增速与债券利率的关系（如图12.12所示）。贷款增量低并不意味着投债的钱增多，但对实体经济增长是有影响的，对投债的人更有激励作用。因此，贷款增速和利率呈反向关系。

图 12.12　贷款增速与债券利率的关系

数据来源：Wind 数据库。

债券投资分析逻辑归纳

在实际研究的过程中，最好用最少的变量解释一个市场现象。虽然精确度不一定很高，但一定是最有效的，因为商业研究追求的是一种模糊的正确，不要求很精确，但一定要实用。

在对整个债券市场的研究之中，我们不考虑信用债的信用利差问题，只考虑利率债，研究利率的变化方向和利差的变化，也就是整个利率曲线上和下、平和陡的关系。

利率变化方向的判断逻辑

1. 判断利率变化方向的逻辑之一：三因素判定法。

三因素判定法的基本原理依旧遵循资金供需变化。仍然要注意，资金供给不是债券发行量。比如国家开发银行（国开行）每年都发很多债，如果国开行把这些钱投放到钢筋、水泥项目中，形成了实实在在的实体融资，那么对利率是有影响的。但是如果这些钱只是通过拆借市场被拆出去，那么就相当于进行了一次转手工作，不会产生很大影响。当实体融资需求下降时，通胀回落，中央银行实行宽松的货币政策，资金供给曲线扩张（见图 12.13 中 A 区域），此时利率快速下降。当实体融资需求上升，经济上行，中央银行实行紧缩的货币政策，利率则会上行（见图 12.13 中 B 区域）。而当融资需求和资金供给同向变化时，利率变化方向要根据供需两端的相对紧缩或扩张速度来判断（见图 12.13 中 C 区域）。所以货币政策的紧缩（宽松）不一定导致利率上行（下降），还要看实体融资需求的变化及相对变化速度。

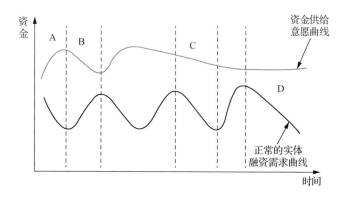

图 12.13　资金供需变化关系

那么究竟是什么宏观指标在影响资金供给、需求曲线呢？中央银行的货币政策是影响资金供给曲线的主要因素。影响货币政策的三个因素包括增长、通货膨胀和企业债务杠杆率。衡量融资需求曲线的指标是社会融资总量。因此，三个因素分别对应名义经济增长率、通货膨胀率和M2。

2. 判定利率变化方向的逻辑之二："货币+信用"。

"货币+信用"与最典型的大类资产配置方法"美林时钟"（按增长和通胀分为四个象限，在这四个象限之中刻画各类资产表现）相仿，是利用货币和信用的宽松、紧缩两种状态构建四个象限，判断利率的变化方向。社会信用扩张首先由中央银行发起，中央银行传递一个货币政策信号，宽松或是紧缩，传递给商业银行和社会杠杆主体，商业银行接收到这个信号之后，调整信用松紧。从货币到信用的传导过程能否顺利实现取决于三个社会杠杆主体（个人、企业和地方政府）是否愿意接收，也取决于商业银行在接收到信号后是否愿意配合执行。

这一传导过程会产生四种不同的货币和信用组合，即宽货币目标和宽信用现实、宽货币目标和紧信用现实、紧货币目标和紧信用现实、紧货币目标和宽信用现实。货币政策的松紧一般用货币政策的三大工具的变化方向来衡量。比如，2014年后中国不断降息、降准，2017年1月中国人民银行突然上提公开市场操作的利率水平，这意味着和以前下行的方向相反，从这个时点开始，货币政策从宽松基调进入紧缩基调。信用的松紧则由社会融资总量或M2增长速度的变化方向来衡量。根据以上指标和判断标准，中国2002—2017年，货币政策目标调整次数为9次（见表12.1），信用扩张和收缩的变化被划分为12次（见表12.2）。将以上的货币政策目标和信用状态进行组合，形成17个阶段（见表12.3）。最后将双宽组合和双紧组合分别归为一类，对应利率变化，总结相同"货币+信用"组合的利率变化的共性，结合市场数据统计得到不同"货币+信用"组合下的市场表现（如图12.14所示）。横、纵坐标正向为宽松，负向为收缩。第一象限表示货币政策目标是宽松的，同时信用扩张，M2增长速度向上，或者社会融资总量增长速度向上，是双宽组合。内环表示债券市场的变化，用10年期国债利率表示，其下行为牛市，上行为熊市。中环是股票市场，用沪深300指数表示，外环是大宗商品市场，用中国大宗商品南华工业品指数表示。对于债券市场，并不是只要货币政策宽松就一定会出现牛市，统计结果显示在宽松的货币政策下，市场有牛有熊，从历史数据看，是双宽组合，出现震荡市的概率大概是64.5%，出现熊市的概率是22.6%，出现牛市的概率是13%左右。在双宽组合之下股票市场100%是牛市，沪深300指数一定会向上走。对大宗商品市场，在双宽组合下南华工业品指数有大约80%的概率向上走。

表12.1 货币政策目标变迁

时期	货币政策目标
2002.1—2003.6	宽货币
2003.6—2004.11	紧货币
2004.11—2006.4	宽货币
2006.4—2008.9	紧货币
2008.9—2009.7	宽货币
2009.7—2011.11	紧货币
2011.11—2012.7	宽货币
2012.7—2014.4	紧货币
2014.4—2017	宽货币

表 12.2　信用扩张和收缩划分

时期	现实中的信用状态
2002.1—2003.6	宽信用
2003.6—2005.12	紧信用
2005.12—2008.2	宽信用
2008.2—2008.12	紧信用
2008.12—2009.12	宽信用
2009.12—2010.7	紧信用
2010.7—2010.12	宽信用
2010.12—2012.7	紧信用
2012.7—2013.5	宽信用
2013.5—2014.4	紧信用
2014.4—2014.7	宽信用
2014.7—2015.12	紧信用

表 12.3　"货币+信用"组合变化

时期	"货币+信用"组合
2002.1—2003.6	宽货币+宽信用
2003.6—2004.11	紧货币+紧信用
2004.11—2005.12	宽货币+紧信用
2005.12—2006.4	宽货币+宽信用
2006.4—2008.2	紧货币+宽信用
2008.2—2008.9	紧货币+紧信用
2008.9—2008.12	宽货币+紧信用
2008.12—2009.7	宽货币+宽信用
2009.7—2009.12	紧货币+宽信用
2009.12—2010.7	紧货币+紧信用

12. 债券市场研究与投资分析探讨

续表

时期	"货币+信用"组合
2010.7—2010.12	紧货币+宽信用
2010.12—2011.11	紧货币+紧信用
2011.11—2012.7	宽货币+紧信用
2012.7—2013.5	紧货币+宽信用
2013.5—2014.4	紧货币+紧信用
2014.4—2014.7	宽货币+宽信用
2014.7—2015.12	宽货币+紧信用

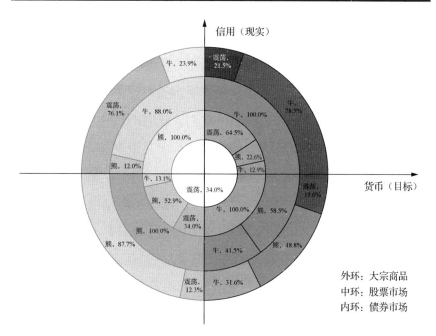

图12.14 "货币+信用"统计结论

上述现象背后的解释逻辑是什么呢？第一象限是宽货币+宽信用组合，说明资金供给增加，融资需求扩张，债券市场状况并没有定论；第二象限是紧货币+宽信用组合，说明货币政策收缩，信用膨胀，利率上行，债券市场则一定为熊市；第三象限是紧货币+紧信用组合，说明货币政策和信用同时收缩，与第一象限类似，无定论；第四象限是宽货币+紧信用组合，此时利率会下行，市场大概率为牛市。

我认为，中国在未来很长一段时间内会走在第四象限，信用收缩应该会持续发生，因为中国存在一个问题："僵尸信用"过多。"僵尸信用"这个词最早由日本提出，中国市场真正了解这个词是在2013年"钱荒"之前，由曾任工行董事长的姜建清率先引用。所谓"僵尸信用"就是指这些企业虽然救不活了，但是又不敢让它们破产，只能让它们欠着贷款。这些企业现在根本没有钱还贷款，甚至没有钱还利息，因此银行还需要借钱给它们，让它们还利息。这样虽然负债越滚越大，却不敢让企业破产，因为容易引发失业矛盾。破除"僵尸信用"往往对应着一个经济硬着陆的过程，但是我认为这是中国必须解决的问题。打破刚性兑付，就必须清除这些"僵尸信用"，这样才能启动一个新的周期。如果要避免信用缺失、避免风险，就需要保持流动性适当宽松、稳定。因此，应该在第四象限中运行。

利差分布变化的判断

利差指长期利率减短期利率。不同国家的长期利率和短期利率的定义、期限不同。美国长期利率基于10年期国债，短期利率基于

2年期国债，因为美国2年期国债定期滚动发行，流动性很好。日本则不同，日本长期利率基于10年期国债，短期利率则基于1年期国债。无论如何选期限品种，都本着一个原则，就是流动性要好。这里的流动性不是指钱多钱少，而是指交易接受程度，即能够在市场中顺利达成交易的程度。

根据美国的经验，判断期限利差（简称"利差"）变化的基本依据是政策周期。利差上行表示利率曲线增陡，利差下行表示利率曲线变平。政策变化一般用政策基准利率衡量。美国的政策基准利率是联邦基金利率。联邦基金利率和期限利差呈现完全相反的关系，加息则利差曲线会变平，减息则利差曲线会增陡。即使在一段时间内，既没有加息也没有减息，即图12.15中标星号的时期（联邦基金利率水平没有变化），利差曲线也会有平陡变化。这时平陡关系是由基本面方向决定的。如果政策基准利率不变化，经济基本面方向发生变化，比如经济在下行，名义GDP增长率回落，这时利差曲线一定是变平的，利差是收缩的。假如这个阶段经济基本面名义GDP增长率回升，则利差曲线是增陡的，利差是扩张的。这里要注意，在解释期限利差时，政策变化是排在第一位的，在政策不变的前提下才能够考虑基本面的变化。

中国的情况也比较类似。中国用公开市场操作利率（7天REPO利率）作为政策基准利率（如图12.16所示）。可以看到，中国的政策基准利率和期限利差也呈反向变动关系。政策基准利率未发生变化的时期，比如2009年1月到2009年6月，货币市场利率不变，

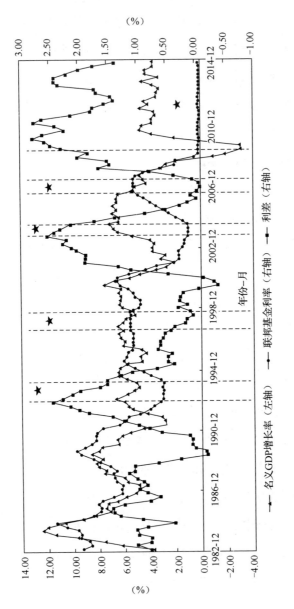

图 12.15 美国利差与联邦基金利率、名义 GDP 增长率的变化关系

数据来源：Wind 数据库。

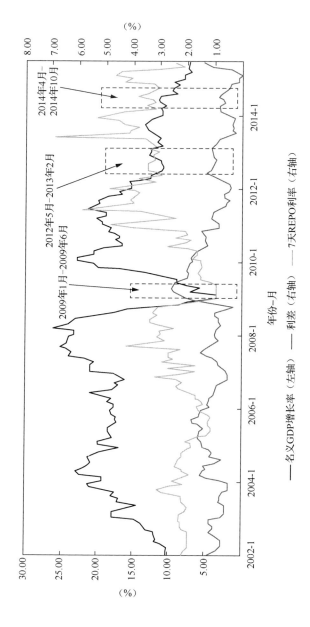

图 12.16 中国利差与 7 天 REPO 利率、名义 GDP 增长率的变化关系

数据来源：Wind 数据库。

但利差曲线仍有平陡变化,这主要是由经济基本面的影响造成的。经济基本面强劲,曲线一定会增陡;经济基本面疲弱,曲线就会越来越平。

有观点认为,如果利差曲线不断变平,最后形成倒挂,很可能预示着经济衰退。我个人并不认为金融市场有这样的预测功能。金融市场的变化和经济基本面的变化应该是同步发生的。

13. 区块链和加密货币的经济学分析

邹传伟
万向区块链首席经济学家、PlatON 云图首席经济学家

区块链和加密货币的基本概念

加密数字货币市场概况

截至 2018 年 4 月 24 日，全世界共有 1 591 种加密货币，总市值约为 4 364 亿美元，和 Facebook 的市值差不多。这是由人创造出来的市场，其中存在相当大的泡沫。这个市场实行"7×24"小时交易，全球 24 小时的交易量达到 300 多亿美元，相当于沪深两地交易所一天交易量的一半。这些交易量的计算虽然存在一些水分，但从量级上来看，这是一个很活跃的市场。在所有加密货币中，比特币是主导货币，市值占比为 37%，市值为 1 600 亿美元。此前人类历史上很多资产泡沫都是局部的，但这一次是有史以来第一次全球性的资产泡沫。

如果我们比较比特币和历史上的其他资产泡沫，比如 18 世纪的密西西比泡沫、荷兰的郁金香泡沫，以及互联网泡沫时的纳斯达克指数，就会发现比特币价格上涨的速度和幅度是史无前例的。

比特币从 2009 年出现，已经经过了多轮价格涨跌。2018 年上半年比特币价格快速上涨和区块链（如以太坊、ICO）有关，受到人们对区块链技术的乐观预期影响。为什么存在区块链？它实现了哪些功能？

区块链的概念

区块链的基本概念可以用历史做类比。比如中国的"二十四史"，每一部史都记录了那段时间发生的重要事件。但是历史经常被篡改，后人经常根据自己的需要修改前面的记录。另外，历史记录经常在改朝换代时因战火等因素而遗失。举一个例子，清朝灭亡后，原本放在故宫里的档案没处存放，有人建议干脆送到造纸厂化成纸浆。学者罗振玉很早就意识到这些档案的价值并倡议保护。如果没有他，很多奏章、公文就可能丢失。因此可以看到历史记录有两个特点：第一，很容易被后人篡改；第二，很容易丢失。

为解决这些问题，分布式账本和区块链被引入。举例来说，原来中国断代史是单独存放的，每一部历史都对应着一个区块。现在我们在清史里加入一个摘要，这个摘要对应着区块链里的哈希指针概念。摘要通过例如对明史里出现的"知、乎、者、也"等高频字词进行统计，使两个断代史之间形成联系。如果有人篡改明史，篡改后的词频统计值就和对清史的词频统计值对应不上，这样就起到了防篡改的作用。

如果区块链只有一个备份，尽管不可能修改备份本身，但是如果备份只存在某台电脑上，而这台电脑坏了，那么备份就可能永久丢失。如果将备份数据存放在很多台电脑上，这样即使有一台电脑被攻击了，还有其他备份可以使用。这便是分布式账本的概念。

共识机制

解决了账本篡改的问题之后，还有一个问题是，谁来维护这个账本。在区块链里，维护并不是由某一个中心来做的，而是分给很多人做。这就好比组织一个班子修清史，每个人都有权利写一部清史，最后通过一种机制，决定以谁的版本为主，这个过程就是共识机制。那么，共识是如何实现的？

有两种方法可以实现共识机制。第一种方法被称为权益证明（proof of stake，POS），POS如同现实里根据资历、官职大小等决定以谁的稿子为准。第二种方法被称为工作量证明（proof of work，POW）。举个例子，每个人都有自己草拟的清史稿，接下来要求每个人作一首诗，这首诗不仅要独立成篇，而且要与作者的清史稿合起来满足某一个高频词的统计特征。这个工作很难，除了随机拼凑答案以外没有更好的解决方案。这就对应着比特币里的Nonce[①]。

激励

解Nonce、生成区块很耗时间和能源，为什么人们有动力去做这

[①] Nonce：Number once的缩写，指被使用一次的非重复的随机数值，在加密技术中发挥了重要作用。——编者注

件事情？因为有激励。比如写清史书稿的翰林，他可以在书稿里加一个特殊记录。这个记录很简单：皇帝奖给书稿的作者1万两黄金。如果这份书稿被接受了，成为共识，作者就可以得到1万两黄金，这就是比特币的激励。比特币中，每10分钟产生一个区块，这是由算法决定的。但每个区块给予的奖励隔一段时间会减半，最开始是每1个区块奖励50个比特币，然后是25个，现在是12.5个，未来将减至6.25个。这样可以确保比特币的总量恒定为2 100万个。

但分布式系统有一个问题，它没有中心的权威，所以可能发生分叉。社区对某一个时点以前的记录有一致的认识，但从这个时点开始社区里有了不同认识，这样就形成了分叉。比特币分叉的机制、逻辑与宗教的演变很像。比如基督教，从耶稣到马丁·路德宗教改革那段时间，大家都认可罗马教廷，普通人与上帝发生联系要通过神父、教堂。《圣经》也都是拉丁文的，一般人难以阅读。马丁·路德认为这么做不对，个人应该可以直接与上帝发生联系，不需要通过罗马教会。这时就出现了天主教和新教，这就是一个典型的分叉。新教随着历史演变又衍生出其他的形态。分叉是因为人们的认识产生了分歧。分叉对加密货币市场有非常深刻的影响，因为分叉产生之后会形成分叉币。

物理基础设施

加密数字货币需要一定的物理基础设施，首先是公钥和私钥，这是密码学中的概念。公钥是非对称加密中公开的部分，私钥则是非公开的部分。只靠公钥是无法推导出私钥的。对应到微信朋友圈，公钥相当于个人的签名、头像和名字等，私钥就是登录微信的密码。我们在朋友圈可以看到别人的公钥，但是无法知道他的密码。比特币的交易和发朋友圈也很像，比如 A 用私钥登录微信，在朋友圈说给 B 点赞（对应着一笔比特币交易），这个行为就被发布到网络上（对应着交易在分布式网络的传播），被大家接受，达成了共识（对应着共识机制）。但这个过程有一个不经济的地方，因为比特币的一个区块大概需要 1M 的容量，而且每 10 分钟产生一个，考虑到一笔交易所占的空间和区块的产生速度，比特币 1 秒钟内只能支持 6 或 7 笔交易，而支付宝高峰期时 1 秒钟可能有上百万笔的交易。

后来人们想了一个办法：中心化的交易所。比如，Alice 要进行比特币交易，她把比特币打到交易所账户里，交易所给她发了一个类似白条的凭证——IOU（I own you，我欠你的），证明交易所欠 Alice 这么多比特币。另外一个人 Bob 从交易所购买比特币，他实际是从 Alice 那里购买了 IOU，这样存在交易所的大部分比特币没动（即仍放在"冷钱包"中），交易主要通过 IOU 来进行。IOU 交易和区块链没有关系，和深交所交易股票一样，效率非常高。但这也造成了一个问题，很多比特币都被存放在交易所的节点里，虽然大部分时候不需要联网，但一旦联网（即变成"热钱包"），就很容易被攻击。

比特币交易所在大部分国家处于野蛮生长的状态。中国政府目前已经完全叫停了比特币的集中化交易。2017 年日本大概有 16 家持牌交易所，美国的交易所需要持有货币转移牌照，其他国家也有自己的做法。

区块链内的共识和信任

算法共识

市场中有一个流行的观点：比特币能解决人和人之间的信任关系，能解决信息不对称，有了区块链，人和人之间的任何交易都能发生。这种说法是完全错误的，它误解了共识。

共识可以被分为三类：第一类共识是算法共识，属于分布式计算领域中的问题，其目标是在有各种差错、恶意攻击、可能不同步的网络中，同时在没有中央协调的情况下，确保分布式账本在不同网络节点备份的文本是一致的。它的目标是追求分布式账本的一致性，兼顾区块链的效率。在区块链里，最核心的概念是状态和交易。状态类似于账本，记录了在当前时点上，有多少参与者，以及每个人的账户里有多少 Token（代币），交易无非是参与者之间进行的 Token 的转让。每个时点都有自己的状态，而交易是一个流量的概念，是针对某个时间段的。

在共识算法里，每个共识节点运行算法，对过去一段时间的交易进行查验，包括这笔交易是不是合法的、有没有使用正确的签名以及转出的账户有没有足够的 Token 等。此外，任何人都可以在区块里留言、发布广告等，但共识节点不会验证这些信息的真实性。尽管在区块链里写入的留言、广告等信息全网公开、不能被篡改，但这些信息的真实性和共识算法没有关系，完全取决于写入人的信用。

13. 区块链和加密货币的经济学分析

决策共识

决策共识类似现实中的治理问题。抽象来说，算法共识确定了一套规则，调整这套规则就涉及决策共识。不同修改意见会形成不同的利益群体，有的人可能支持修改规则，有的人可能不支持修改规则。在比特币系统里，有系统开发者、交易所、投资者，还有矿工，每个人的利益不一样，扩容可能损害了某些人的利益，但是其他人会欢迎，所以很难达成一致。一旦不一致，比特币系统就分叉了。决策共识现在越来越受到关注，这也是很多区块链项目的瓶颈。

那么为什么会存在这个瓶颈？为什么现实中公司修改章程通过投票就能实现，而在区块链里很难做到？原因很简单：第一，区块链里没有中心化权威机构确定并执行修改方案；第二，有不同的利益群体；第三，来自技术的阻力，比如智能合约令一些修改很难进行。

市场共识

第三类共识是市场共识。市场中有供给和需求，市场均衡价格反映当前时点市场参与者能接受的价格。挖矿成本虽然对价格有影响，但价格只有在交易中才能产生。

综上所述，算法共识是计算机运行的规则，决策共识是设计和修改规则，市场共识是在前两个共识有保障的情况下进行市场交易就会形成市场价格。现实中如果前两个共识不成立，市场价格就会受到很大的影响。

信任问题

区块链中的 Token 交易无须信任（trustless），这是区块链的强大之处。举例来说，Alice 给 Bob 1 个比特币，Alice 和 Bob 账户里的 Token（代币）的调整以及交易被确认是同步的。尽管这看起来是一件很小的事情，但却有非常丰富的金融学含义——这个过程没有在途资金的概念。日常生活里，跨国转账有时候需要 2~3 个工作日，而且转账的安全性取决于代理银行的工作。但这个问题在区块链世界中是不存在的，因为整个过程由算法决定。Token 状态更新调整的过程，不需要任何信任，这是无须信任最关键的含义。但除此以外，很多比特币的区块链应用都和信任有关系，信任构成它们最大的瓶颈。

比如，暗网交易模式。假设 Alice 和 Bob 发生一笔交易，Alice 给 Bob 1 个比特币，1 个比特币目前价值 9000 多美元，可以买 10 个 iPad。那么 Alice 如何确保 Bob 给她 10 个 iPad？现实中可以通过如下机制完成：首先有一个交易平台，Alice 先把 1 个比特币给平台，让平台不要转给 Bob，直到 Bob 交付了 10 个 iPad 以后，Alice 确认这确实是她想要的东西，再通知平台把 1 个比特币给 Bob。这个模式和支付宝模式是一样的，也就是担保交易，所以区块链外的交易无法通过区块链解决信用风险的问题。

再比如，预言机。假设 Alice 和 Bob 对明天的天气打赌，明天的天气有可能是如下三种：晴天、阴天、下雨天。如果是阴天两人就平分 10 个比特币；如果下雨 Alice 得到 9 个，Bob 得到 1 个；如果是晴天 Bob 获得 9 个，Alice 获得 1 个。但是明天是晴天、阴天还是下雨天？客观世界的信息如何触发区块链里的智能合约？谁来判断未来天气？这就是所谓的预言机问题。目前，预言机并没有普遍适用的解决方案，一个可能的方案是依赖某一受信任的信息源。

又比如，跨链互换。现在有很多公链，比如比特币区块链和以太坊区块链，这些公链之间可能进行跨链互换。假设 Alice 和 Bob 之间要进行比特币对以太坊的兑换，Alice 给 Bob 1 个比特币，作为对价，Bob 给 Alice X 个以太币。这是一笔很简单的交易，怎么确保 Alice 把比特币给 Bob 的同时，Bob 把以太币给 Alice 呢？很多跨链互换都要基于一个中心化的交易对手，很多去中心化交易所就是要解决这个问题。

区块链的金融功能

为什么要研究区块链的金融功能？

一种常见的说法是"区块链是价值互联网"，而之前的互联网是信息互联网、社交互联网。什么叫价值互联网？区块链里的比特币、以太币等 Token 有活跃交易，Token 本身有价值吗？Token 只是区块链里定义的状态变量，反映到物理上只是一段代码而已。很多时候必须在市场上进行交易才能知道其价值，这是一个金融领域的问题。

ICO(initial coin offering，首次代币发行)过程涉及很多类 Token。

Token 有三种属性：第一种是支付属性；第二种是功能型属性，用 Token 能换来商品或者服务；第三种是证券类属性，实现这类属性的 Token 也是目前监管最严格的，引起争议最多的。怎么理解这三类 Token？

很大一部分区块链应用试图解决金融方面的问题。以太坊的白皮书明确说明其有三类应用：第一类是金融应用；第二类是准金融应用；第三类才是和金融无关的应用。金融应用占了应用的很大一部分，那么区块链能解决多少金融问题呢？

区块链金融活动可以被分为两大类：第一大类金融活动涉及代币；第二大类金融活动和代币无关，只使用了分布式账本。这里又可以将两个大类进行进一步划分，比如基于代币的金融活动又分成两种，第一种是比特币期货、比特币的 ETF，以及比特币贷款。这类活动有一个很大的特点：代币是计价单位或标的资产，但这些活动基于现实中的法律，签署的也是现实中的合同。其面临的主要问题是代币本身的波动性太高。解决方案涉及稳定代币，在经济学里相当于固定汇率的问题。第二种是在区块链内部基于智能合约来定义金融产品。应该说，实现第二类活动是比较困难的。

资产上链

资产上链是一个讨论了很久的话题。ICO 得到发展之前，很多人做区块链其实是想解决区块链资产上链的问题。比如，将区块链应用在房地产交易中，由于房地产交易很不透明，涉及很多环节，效率非常低，用一个分布式账本便可以提高效率。区块链还可以用在车辆交易、土地交易以及其他资产交易等方面。但这么长时间过去了，仍然没有一个项目落地，问题出在哪里？现实中的资产和区块链中的记录怎样对应起来？能否同步？这些都是很复杂的问题。

解决方案是引入一个受信任的发行人，由发行人维持 Token 和资产之间的对应关系。如果你给发行人 1 单位的资产，他会给你 1 单位的 Token；如果你把 Token 退给他，他也会退 1 单位的资产给你。这样便确保了双向兑换关系。这是一个非常简洁的思路，一些稳定的 Token 就是这样做的，比如 USDT。当然，你要相信发行人有兑换的能力，不会在没有兑换能力的情况下发行没有资产支持的 Token。

再以 R3 Corda 为例。R3 是多家金融机构之间的联盟链，它想解决金融交易后结算方面的问题。目前很多银行都是 R3 的会员。这个项目也非常受关注，R3 的特点是没有币，完全是账本的概念。为什么需要用共享公共账本，其价值在什么地方？设想两家银行之间的交易，比如中国银行和招商银行之间发生的交易。首先中国银行会维持它的账本，计算今天发生了多少交易，手头上有多少证券，每个证券值多少钱。如果交易涉及股票，假设托管行是工商银行，工商银行还有中国银行托管的账本。此外，深交所也有一套自己的账本。这样，任何一笔交易，交易对手双方、托管行、交易所等都要更新账本。现实中，各个公司会计确认方式不太一样，有的按照权益法，有的按照现金收付法；同时，资产估值的方法、使用的参数也不一致。所以，不同金融机构的账本往往对不上，需要很多中后台工作人员，花费精力对账，确保账本一致。这就产生了一些成本，但成本还不是关键问题，最主要的问题是影响了交易效率。分布式账本就无须维护，所有人共享一个公共的账本，所有交易都同时更新，所有人都能看到，这样就能解决了现实里存在的很多摩擦性问题。

比特币的价格波动

图 13.1 为比特币的波动率和 S&P 500 指数的波动率的比率，S&P 500 指数反映了美国大盘蓝筹股的价格波动，S&P 500 指数年化波动率在 12%左右。但是比特币在一天内的波动率就可以达到这个水平，比特币在一天内涨 10%或者跌 10%非常常见，甚至 1 小时就可以跌 10%。波动率太高就不适合做交易媒介，一个直观结论就是，比特币作为交易媒介不管是效率还是可行性，都比 S&P 500 指数低得多。

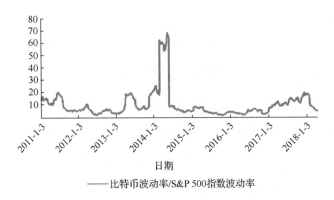

图 13.1　比特币波动率与 S&P 500 指数波动率之比

13. 区块链和加密货币的经济学分析

比特币期货

2017年12月芝加哥有两家交易所上线比特币期货，当年10月至12月之间比特币大幅度上涨与这个有关。当时市场有两个憧憬：一是有了比特币期货后，机构投资者会进场；二是比特币期货能控制短期的风险，最终能够让比特币价格稳定下来。但是这两个憧憬很快被打破了。机构投资者用比特币进行对冲的非常少，期货交易对投资者要求很高，并不是所有人都能做的，所以必须有稳定的Token才能把系统稳定下来。

稳定Token试验

首先介绍一下模拟货币局（currency board）制度——Tether/USDT。

USDT使用的方法和资产上链是一样的，Tether公司对外发布USDT，你给它1单位美元它就给你1单位USDT，你给它1单位USDT它就退给你1美元。图13.2显示了发行在外的USDT的市值，2018年有23亿美元。稳定的Token除了能作为支付工具，还有两个非常现实的用途。第一个是可以用作避险资产。如果比特币大幅下跌，如何避险？这就需要稳定代币，其相当于一个避风港。第二个用途和目前政府对交易所的监管有关。很多国家（如中国和印度）对银行账户和加密货币交易所账户的连接有限制，印度政府已经明确要求不能通过银行账户买币，此外交易所也十分分散。稳定代币成了法币与加密货币之间的转换渠道，以及跨交易所的价值转移渠道。

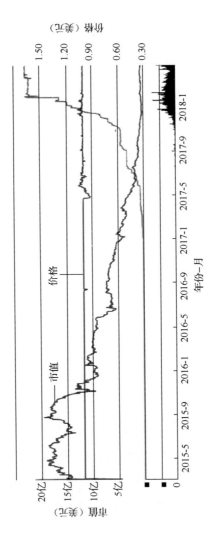

图 13.2 发行在外的 USDT 的市值和价格

那么如何证明 Tether 公司是一家值得信任的公司？它真的能忠实地履行兑换义务吗？实际上很多研究者认为 Tether 公司没有做到这一点，这意味着 Tether 公司凭空发行了 USDT，比如公司只留存 10 亿美元准备金，但是却对外发了 22 亿美元的 USDT。目前还没有证据证明 Tether 公司有足额准备金，能保证 USDT 和美元之间的兑换。至于目前 Tether 公司的美元储备金存放在什么地方，也没有任何人知道。但即使行业里存在这么多质疑，USDT 仍然运转得比较良好，而且规模上升得很快。所以，即使在加密货币领域，大家对稳定的需求也是与生俱来的。

然后我再介绍一下 MakerDAO/Dai 的去中心化抵押模式。

去中心化抵押模式使用了抵押品的概念，代表项目名为 MakerDAO/Dai。在该项目中用户可以通过智能合约，将一定数量的以太币作为抵押物，发送到相应的智能合约地址，之后便能够收到一定数量的 Dai 币。如果用户需要将 Dai 币兑换成以太币，利用前述智能合约进行相反的操作即可。但如果作为抵押品的以太币价格波动很大，则很难保证 Dai 币的价值稳定。

总的来说，固定汇率有赖于灵活的货币政策。现实中，货币需求受很多因素影响，比如人的偏好、流动性和预期等。一旦货币需求发生变化，央行就会相应调整货币供给，保障汇率稳定。而在比特币市场中并没有类似操作，比特币的供给时间和速率都是事先设定好的，并且有总量上限，无法调整，所以比特币价格很难稳定。

区块链内的金融资产

在区块链内加入金融资产的想法是好的,但很多很难兑现。一个基本问题是,"代码即法律"的约束力很有限。比如在 $t=0$ 时,Alice 借给 Bob 1 个比特币,在 $t=1$ 时 Bob 要还给 Alice 1.2 个比特币。这是一个很典型的跨期金融交易,是贷款、债券和金融衍生品等组成的要件。在 $t=1$ 时,通过智能合约从 Bob 账户向 Alice 账户转款,是容易实现的;但如果届时 Bob 账户并没有 1.2 个比特币,智能合约就无法保证 Bob 的清偿能力。

在区块链里如何定义股权和股票?现实中的公司有资产负债表。但很多区块链项目没有公司架构,是分布式的,因此并没有资产负债表。在不存在资产负债表的情况下,股权实际就是某些收益权和治理权的人为组合。其中,收益权在很多场合来自对区块链支撑的市场交易的征税。比如,Token 持有者为市场提供了公共服务,作为补偿,分享了一部分市场的交易费用,拥有类似于分红的权利。

分布式账本的应用

在金融交易所结算中,一笔交易涉及多个中介机构。每个中介机构都使用自己的系统来处理、发送和接收交易指令,核对数据以及管理差错等,并维护自己的交易记录。每个中介机构使用的数据标准也并不统一。这些都会产生交易成本。

区块链在金融交易所结算中,主要替代中央证券登记机构的结算和账目维护功能,以及建立并维护共享的、同时化(synchronized)的账本,简化交易对账过程。目前,结算行业正在讨论在金融交易所结算中引入私有的、有准入限制的区块链系统。其中,每一个节点扮演不同角色并且在读取区块链上信息方面有不同权限,一组受信任的参与者承担验证职能。

区块链可能为金融交易所结算带来的好处包括:第一,通过分布式、同时化、共享的证券所有权记录来简化和自动化交易所结算工作,降低交易对账和数据管理成本;第二,缩短结算所需时间,减小结算风险敞口;第三,交易有关信息由交易双方共享,因此能促进自动清算;第四,缩短托管链,使投资者可以直接持有证券,降低投资者承担的法律、运营风险以及中介成本;第五,可跟踪性好,透明度高;第六,去中心化、多备份能提高系统安全性和抗压性。

然而,区块链应用在金融交易所结算中仍面临很多挑战。第一,如何实现认证功能?尽管区块链能保证分布式账本的准确性,但还需有一个受信任的机构来确保已发行证券信息的真实性。

第二,如何实现存管功能?特别是,如何将存管机构持有的资产转移到区块链上。一个可行方案是使用电子凭证来代表不在区块链上的资产,但需要一个受信任机构确保电子凭证与资产之间的对应关系。

第三,如何实现券款对付(delivery vs. payment,DvP)?这要求区块链能同时处理现金账户。

第四,如何确保结算的最终性(settlement finality)?比如,比特币区块链系统因为存在分叉的可能性,只能在概率意义上确保结算的最终性（尽管该概率随时间趋向 1）。

第五，在法律上，区块链上的记录能否构成所有权证明？

第六，如何解决交易匹配和差错管理的问题？区块链在比较不同维度数据、处理合同不匹配和例外情况等方面还面临很多障碍。

第七，如何在多方参与验证的情况下，确保交易信息的保密性？一个解决方案是交易双方需要与一个受信任的机构一起才能参加与交易有关的共识机制。另一个解决方案是区分交易数据和验证所需的数据。零知识验证（zero-knowledge proofs, ZKPs）也是一个可能的解决工具。

第八，如何解决运营层面的问题？这些问题包括身份管理、系统可拓展性以及与现有流程和基础设施的兼容性。

中央银行数字货币

中央银行数字货币涉及非常复杂的货币理论问题，全球主要中央银行对这些问题做了很多研究。第一，在经济内涵上，中央银行数字货币替代的是现钞。中央银行数字货币是中央银行直接对公众发行的电子货币，是中央银行的负债，属于法定货币的一种形态，并可向持有者支付利息。相比而言，现钞的利率总为 0。

第二，在技术手段上，中央银行数字货币不一定采取区块链。分布式账本提供的系统柔韧性和稳定性是中央银行数字货币考虑使用区块链的最主要的原因。但以比特币区块链为代表的公有链（节点自由进入和退出）和工作量验证会造成社会资源的浪费（主要是计算能力和耗电量的浪费）。因此，中央银行数字货币倾向于采取联盟链的形式，由中央银行与某些特定机构共同维护分布式账本。

第三，在货币政策方面，中央银行数字货币将提供新的货币政策工具——中央银行通过调节数字货币的供给量和利率来调控宏观经济。此外，中央银行数字货币可以支付负利息，从而在经济危机期间帮助中央银行突破名义利率的零下限（zero lower bound），加大货币政策刺激力度。而在纸币仍流通的情况下，负的名义利率则是不可能的，因为老百姓会提取银行存款，囤积纸币。

第四，在金融稳定方面，中央银行数字货币会对支付清算体系造成较大影响。支付清算将不一定通过二级银行账户体系，可以在中央银行的资产负债表直接进行。因此，中央银行数字货币有助于剥离商业银行在支付体系中的特殊地位，并解决由此造成的"大而不能倒"的问题。但这也可能造成银行存款的不稳定，因为老百姓可能提取银行存款，换成中央银行数字货币。

加密货币的一级市场和二级市场

分叉币

只要有算力支持，任何人都能创造分叉币。分叉币通常有一个数量上限，这些分叉币一部分由创始人"预挖"，一部分被赠予原有币的持有人，还有一部分被留存起来用于分叉币的社区发展，这相当于分叉币的一级市场。

分叉币反映了共识破裂。刚开始人们不看好分叉币，但后来以太坊分叉以后，两个币（ETH 和 ETC）都在交易，并没有产生任何问题。人们从中看到了机会，分叉币就多了起来。分叉币和人民币旧版换新版有相似之处。假设现在使用的人民币在流通中变旧了，中国人民银行要设计新版人民币。正常人民币旧版换新版的过程中，应收回旧版人民币并销毁，同时投放相同数量的新版人民币作为替代。这样就确保了在货币换新版的过程中，货币的总供给是不变的。但假设新版人民币已经投放到市场上了，旧版人民币还在流通，这样就会产生通胀。分叉币就是这个逻辑。

分布式自治组织

考虑目前浏览器、门户网站、搜索引擎和社交网络等互联网平台的商业模式：网民通过它们免费获得新闻资讯，但同时向平台透露自己的爱好、兴趣、需求以及其他个人信息，互联网平台再根据这些个人信息定向推送广告给网民。然而，个人信息与新闻资讯、广告之间的交换关系是否公平合理？网民有没有可能为了很少的新闻资讯，而透露了过多的个人信息或被动接受了过多的广告？另外，在这些模式中，网民的个人信息得不到很好的保护，隐私泄露经常发生。

尽管我们不知道上述这些问题的确切答案，但可以设想另外一种市场机制：首先，网民在自己知情且可控的情况下，决定向广告商披露哪些个人信息，广告商据此推送广告并向网民支付一定数量的 Token 作为对价；其次，网民再用 Token 向内容生产商购买新闻资讯；最后，广告商向内容生产商购买 Token。这样，就通过引入价格机制，使个人信息与新闻资讯、广告之间的交换关系变得显性化。经济学家认为价格机制能有效汇聚市场信息，提高资源配置效率和社会福利。分布式自治组织涉及非常复杂的经济学问题。分布式自治组织介于企业和市场之间。与企业相比，分布式自治组织没有中央权威、自上而下的命令链条或者自下而上的报告路线，其成员也不受类似企业的绩效考核、奖惩、晋升等制约。分布式自治组织很难像企业那样定义其资产负债表或资本结构。但与市场相比，分布式自治组织的内部治理结构要更紧凑一些，特别是其成员有一定的内部认同感。

初次代币发行

区块链项目有两个融资渠道：股权融资和初次代币发行，即 ICO。从 2017 年第二季度开始，ICO 在全球范围内开始大幅超过股权融资，成为区块链项目的主要融资渠道。但 ICO 无论在国内还是在国外都乱象丛生，体现在以下 3 个方面。

第一，ICO 给予投资者的代币的经济内涵并不清楚。理论上，代币有 3 种可能的经济内涵：交易媒介；资产负债表意义上的权益凭证，发行这种代币的 ICO 接近股权众筹；获取商品或服务的凭证，发行这种代币的 ICO 接近商品众筹。很多代币具有多重内涵，很难对其进行估值，这也使相应的 ICO 兼具商品众筹和股权众筹的特点。但很多代币在经济内涵没有得到充分揭示或讨论的情况下，就直接进入炒作。

第二，ICO 后的代币投机问题。与众筹融资不同，很多 ICO 发生后，代币就可以进入二级市场交易，特别是进入加密货币交易所。理论上，如果代币是权益、商品或服务的凭证，其估值应该"锚定"在一些基本面因素上。但现实中，很多代币价格被炒作到远高于基本面的水平。一些代币甚至在 ICO 之前的预售阶段（称为 presale 或 pre ICO）就开始炒作了。ICO 项目处于早期阶段，风险非常高。理论上，ICO 应该和众筹融资一样，只向具有一定风险识别和承受能力的合格投资者开放，而且要限定投资金额。但一些 ICO 项目通过数字加密货币交易所，实际上向社会公众开放。2017 年 12 月，美国证监会叫停了若干 ICO 项目，正是因为这些项目涉嫌未经批准就向公众发行证券。

第三，ICO 扭曲了区块链创业团队的激励机制。代币的二级市场让区块链创业团队持有的代币很快拥有了变现渠道，而此时区块链创业项目可能还停留在白皮书的阶段。相比而言，在风险资本行业，创业者从获得风险资本的投资到 IPO，中间的时间要长得多。ICO 的快速变现机制，会扭曲区块链创业团队的激励机制。代币持有者在区块链创业项目的治理结构中往往处于比较模糊的地位，缺乏有力措施来确保创业团队与自己的利益长期一致。

编 后 记

2017年9月,北京大学汇丰商学院"宏观经济沙龙"系列讲座正式启动,由时任北京大学汇丰商学院海上丝绸之路研究中心主任何帆教授发起。系列讲座邀请了十多位一线的经济学家,就宏观经济领域备受关注的重大问题展开研讨。

讲座举办过程中,得到了学院领导、老师的大力支持和相关工作人员的全力参与配合。姜怡慧、杨超负责沙龙现场组织。姜怡慧还在后期书稿出版过程中协助联系嘉宾确认稿件。北京大学汇丰金融研究院秘书长、北京大学汇丰商学院公关媒体办公室主任、经济金融网主编本力老师,北京大学汇丰商学院国际办公室主任毛娜老师,以及学院史蛟教授、王春阳教授等主持沙龙。

此外,陶宏伟、郑黄剑锋、戚宏磊、余乐、李昕达、杨辉、赵婵媛、邓姝阳、王婷、徐文松、陈永乔、崔冰睿、房幸、高扬、沈梁豪、苏欣园、万安、王嘉佳、王雅琪、朱婉榕等同学作为学生助理,参与讲座摄影等工作,为讲座的顺利举办付出艰辛努力,在此一并致谢。

本书由学院公关媒体办公室策划出版。本力负责选题沟通、总体框架拟定及整体协调,曹明明负责内容校对和资料补充。李昕达、赵婵媛、汤金润、郭鑫阳、戚宏磊、王婷、杨辉、徐文松等同学参与本书的稿件校对。

本书是在"宏观经济沙龙"基础上的再创作，感谢书中各讲作者不厌其烦地对稿件精心打磨、完善和提升。

本书得以出版，还要特别感谢北京大学出版社总编辑助理兼经管图书事业部主任林君秀女士和责任编辑裴蕾女士，从选题策划到最终出版，她们在出版的各个环节都付出了大量心血，使本书日臻完善，顺利与读者见面。

意大利哲学家翁贝托·埃科说，我们往往在大势已定无可更改时才迟迟进场，却又在胜败未分的混沌中提早离席。相信本书提供的关于宏观经济的分析框架和资本市场的真知灼见，能够帮助读者做出科学判断和成功决策。